Minerva Shobo Librairie

集団を育てる特別活動

渋谷真樹/中澤静男/金子光夫/井深雄二 [編著]

ミネルヴァ書房

は　じ　め　に

　若い教師を悩ませるのは，国語や体育といった教科以上に，特別活動だといわれる。教師は，辞令交付を受けてすぐに，入学式や始業式で児童生徒を迎え入れ，学級開きをして，学級をつくっていかなくてはならない。遠足や運動会といった行事を，指導書などない中でつくりあげていかなくてはならない。一方，学力重視の流れの中で，特別活動の存在感が薄らいでいる学校もあると聞く。

　巷には，特別活動の意義や重要性，歴史や位置付けを解説したテキストは数多い。しかし，それらは，実際の学校や学級での子どもや教師のようすとは切り離されているものが少なくない。また，特別活動を担うためには教師としてどのような力が必要なのか，その力を身につけるためにはどうしたらいいのかについては，十分に言及されていない。

　そこで，本書では，教員養成にあたる大学教員のみならず，小・中・高等学校での教職経験豊かな人々を執筆陣にそろえ，特別活動がいかに子どもを生き生きとさせ，学校生活を感動や喜びにあふれたものにしうるのかを，具体的な事例をもとに描き出すことに努めた。さらに，特別活動を通して子どもの集団を育てる教師の判断やその背景について，まだ教師経験のない人や教職経験の浅い人にもわかりやすく解説した。

　子どもや教育に関心をもち，教員免許取得のために教職関連科目を取ったり実習をしたりしているものの，いまだ教師としての技量や信念を獲得していない若い人たちは，不安を感じているかもしれない。経験の浅い教師や，経験を重ねてもなおつねに向上しようとしている教師も，同様の不安をかかえているかもしれない。しかし，そうした不安は，じつはおおいなる可能性である。本書は，そうした可能性に富んだ人々を対象にしている。

　本書ではまず，第Ⅰ部で，「望ましい集団活動」の中で子どもが成長するこ

とを述べ,「望ましい集団活動」の成立がむずかしくなっている現状を把握する。その上で,社会に参与する力や人間関係を築く力を育てるという,特別活動の意義や特質について述べる。また,特別活動の制度的位置付けや歴史的変遷について解説する。

第Ⅱ部では,校種別に,実際の教育現場で特別活動がどのように行われているのか,そこで子どもがどのように育ち,教師はどのような判断や行動をしているのかを明らかにする。小学校の実践としては,公立校での積極的な学級経営の事例を紹介する。また,新しい教育実践を先導してきた国立大学附属小学校での取り組みについても述べる。中学校については,学級開きから修学旅行,生徒会活動まで,教師として必ず必要になる教育技術を,長い教歴をもつベテラン教師が自らの経験に基づいて解説する。さらに,高等学校については,ある学級の遠足でのリアルな場面から,教師の判断や行動がどのように生徒たちを育てているのかを考えていく。

第Ⅲ部では,特別活動が児童生徒の成長や集団の成熟にいかに寄与するのかを明らかにする。グローバリゼーションのすすむ今日,国境を越えて移動する子どもたちが顕在化している。そうした子どもたちの学校経験に,特別活動は大きくかかわっている。また,修学旅行のお小遣いをめぐる学級討論から,生徒の自治的能力の形成や「個と集団」との関係について理論的に考察する。

教師としての力をつけるためには,たんに講義を受けるだけでは十分でない。受講生自らが指導案を作ったり,模擬授業をしたりすることが望まれる。そこで,巻末資料には,特別活動の指導案を示した。実現可能で教育効果の高い特別活動を構想し,特別活動や教師の仕事について実践的で多角的な視野を得るために活用してほしい。

本書は,講義のテキストとして使用することは無論だが,独自に教師力を高めるためにも利用できる。そのために,参考図書を紹介する〈もっと読んでみよう〉や,具体的な教育場面についての〈考えてみよう〉などの仕掛けを施した。自学に役立ててほしい。

なお,本書では,子ども集団の捉え方や作り方について,多様な考え方や実

はじめに

践を示すことに努めた。一つの教育論や立場から執筆者をそろえることもできるであろうが，これから教壇に立つ若い人々には，さまざまな理念や実践を見渡した上で，自分なりの教育実践を切り拓いていってほしいと考えている。第Ⅱ部の各章末には，子どもの集団作りという観点からそれぞれの実践のポイントをまとめてあるので，参考にしてほしい。本書が，教師という仕事の可能性に共感し，特別活動を通した教育活動に積極的に取り組む人々を一人でも増やすきっかけになれば本望である。

　ところで，一冊の本を世に出すためには，じつに多くの人々の仕事がかかわっている。粘り強いお仕事ぶりで出版を支えてくださったミネルヴァ書房の吉岡昌俊さんをはじめ関係の皆さまに，心からの謝意を表したい。

　　2014年10月

渋谷真樹

目　次

はじめに

第Ⅰ部　特別活動とはなにか

第1章　子どもたちの現状と特別活動……………………粕谷貴志…3
1　児童生徒の現状と社会面・心理面の課題……3
2　児童生徒の発達に必要な集団経験とは……8
3　これからの特別活動に求められる実践の工夫……14

第2章　特別活動の意義と特質……………………………渋谷真樹…19
1　特別活動の目標……19
2　特別活動の内容……20
3　特別活動の特質……27
4　特別活動の意義……29
5　特別活動の課題……30

第3章　特別活動の制度的位置づけと歴史……………井深雄二…35
1　特別活動の学習指導要領上の位置づけ……35
2　特別活動の制度的変遷……36
3　特別活動の歴史的概観……38

第Ⅱ部　特別活動における教師のしごと

第4章　小学校の実践①学級経営を基盤とした特別活動
……………………………………………………植島佳子…49
1　「情」を育てる……49
2　日常的な特別活動を通した学級経営……51
3　書くことによる学級経営……55
4　楽しみをもたらす特別活動……56
5　「あしあと」を残す……59
　第4章のポイント（渋谷真樹）……63

第5章　小学校の実践②子ども主体の学級経営……中澤静男…65
1　楽しい学級経営のために……65
2　幸せのビー玉……67
3　給食おみくじシステム……72
4　会社制度……75
　第5章のポイント（中澤静男）……83

コラム1　あたたかな学級を創るお笑い係……………………小幡　肇…84

第6章　小学校の実践③学級活動・児童会活動・学校行事の
　　　　ヒント………………………………………………小幡　肇…87
1　奈良女子大学附属小学校の教育形態（奈良プラン）……87
2　学級活動（朝の会）で育てる発信力・傾聴力……90
3　「なかよし」に見る児童会活動のヒント……92
4　「なかよし」に見る特色ある学校行事のヒント
　　——行事を通した参画力・規律性の育成……97
5　特別活動を活性化するヒント……100

目　次

　　　第6章のポイント（中澤静男）……102

コラム2　人とのかかわりをつくるボランティア活動…小幡　肇…103

第7章　中学校の実践①励まし合い高め合う学級活動
………………………………………………………………金子光夫…105
　1　「学級の扉を開く日」／学級びらきの企画……105
　2　どのような学級をめざすか
　　　　──「朝の会」「帰りの会」で子どもを育てる……109

第8章　中学校の実践②子どものやる気を引き出す学校行事・
　　　　生徒会活動………………………………………金子光夫…117
　1　3年かけて子どもたちとの信頼関係を築く……117
　2　子どもたちの要望を大胆に取り入れて……118
　3　卒業させてみてわかった気がする……126
　　　第7章・第8章のポイント（渋谷真樹）……131

コラム3　クラブ活動と部活動………………………………金子光夫…132

第9章　高校の実践　遠足で試行錯誤
　　　　──バーベキューの力……………………………佐藤　功…135
　1　史上サイアク！の遠足スタート……135
　2　これぞ「葬式バス遠足」！……136
　3　バス席移動は認めるべきか……137
　4　当日朝，もう一つ問題が……140
　5　前代未聞の……?!……141
　6　バーベキューの力……141
　7　○○のMVP……145

第9章のポイント（中澤静男）……148

第Ⅲ部　特別活動の展開

第10章　特別活動を通した多文化共生教育……渋谷真樹…151
1 多文化共生教育と特別活動……151
2 特別活動を通した中国人少年の学校適応過程……152
3 多文化共生教育における特別活動の意義……161

コラム4　海外・帰国子女と特別活動……山岡荘平…165

第11章　特別活動における学級討論づくりの視点と方法
　　　　──「個と集団」に関する理論と実践展開方法
　　　　　……………………………………………片岡弘勝…169
1 はじめに──特別活動をとおした自治的能力の形成に向けて……169
2 自治的諸活動・学級討論場面と連動する〈自由と民主〉をめぐる理論的見地──リベラリズムと民主主義の間の緊張関係……170
3 修学旅行のお小遣い金額をめぐる学級討論の展開事例
　　　　──自治的能力の形成に向けた教育実践の見地から考える……173
4 自治的諸活動としての学級討論づくりの展開方法……177
5 おわりに──理論的アプローチから教育実践に光をあてる……181

資料　特別活動指導案（奈良教育大学3回生　監修：中澤静男）……183
資料　小・中・高等学校の学習指導要領「特別活動」……189

索　引

第Ⅰ部
特別活動とはなにか

第1章
子どもたちの現状と特別活動

粕谷貴志

> 集団経験の中で子どもたちは多くのことを学び，成長・発達する。そのため特別活動では，「望ましい集団活動」を保障し，社会性を育むとともに自己形成を促すことを目標とする。しかし，近年の状況をみると，特別活動の中心である「望ましい集団活動」を成立させること自体がむずかしくなっている。本章では，近年の社会環境の変化から子どもたちの現状をとらえ，特別活動で展開される集団経験の意味を考える。

1 児童生徒の現状と社会面・心理面の課題

（1）中央教育審議会のまとめで指摘されたこと

2008年の中教審答申では，「子どもの心と体の状況」として，自制心や規範意識の希薄化，生活習慣の確立の不十分さ，友だちや仲間のことで悩む子どもが増えるなど人間関係の形成が困難かつ不得手になっていること，自分に自信がある子どもが国際的にみて少なく，学習や将来の生活に対して，無気力であったり不安を感じていたりすること等の指摘がなされた。ここで指摘されている特徴を大きく2つの視点からみれば，社会で人間関係を形成し適応していくための社会面の発達と，自分の価値や良さを信じることのできる自己を形成する心理面の発達の問題であるととらえることができる。

（2）「人とのかかわりの質と量」の変化

このような社会面・心理面の発達の問題の背景には，地域の共同体の変化，

核家族化，生活スタイルの変化などの子どもたちを取り巻く環境の変容がある。
　内閣府「平成19年版国民生活白書」(「つながりが築く豊かな国民生活」)では，人々の生産，教育，福祉などの生活にかかわる多くのことを地域住民が共同でおこなっていた時代から，経済・社会環境が便利に変化する中で，地域の共同体の人間関係が長期的に見て希薄化してきていることが指摘された。2006年の文部科学省の調査(「地域の教育力に関する実態調査」)では，55.6％の人が自分の子ども時代に比べて，地域の教育力が低下していると感じていることを指摘している。その理由としては，「個人主義の浸透」を挙げる人が56.1％であった。地域の人間関係の変化は，昔あったような，地域の大人たちが自分の地域の子どもたちの家と名前を知っていて，声をかけたり，悪いことをしたときは他の家の子でも叱ったりするような関係性を失わせてきた。そのような関係性の変化が社会生活を営む上で必要な社会面・心理面の発達を支えていた地域の教育力の低下につながり，子どもたちの変化につながってきたととらえることができる。
　先述の「国民生活白書」では，小中学生の子どもをもつ親を対象とした調査で，「平日に家族全員がそろう時間」の変化を指摘している。なしという回答は，1985年の調査では，2.7％であったが，2005年の調査では，4.7％に増加している。反対に3～5時間という回答は，1985年の調査で54.2％であったが，2005年の調査では，42.8％に減少している。また，2001年と2004年に厚生労働省が，朝食と夕食を家族そろって食べる頻度について調査した結果では，週に半分以上朝食をそろって食べる子どもは，全体の半数以下という結果が出ている。産業構造や就労スタイルの変化，家庭がもつ文化の変容などによって，家庭内で子どもたちがもつ家族とのかかわりの質と量が変化してきていることがうかがわれる。
　さらに合計特殊出生率（一人の女性が一生のうちに産む子どもの数）は，厚生労働省の「人口動態統計」によると1.37（2009年），1.39（2010年），1.39（2011年），1.41（2012年），1.43（2013年）と低い水準で推移し，少子化が進行している。また，2009年の国立教育政策研究所「生徒指導上の諸問題の推移

とこれからの生徒指導（改訂版）」によると，核家族の割合は，1980年にすでに60％に達しており，その後，変わらず高い割合で推移している。また，核家族世帯の中の母子家庭，父子家庭の割合は増加している現状が明らかにされている。三世代同居や多くの兄弟姉妹のいる家族の中で，人間関係にもまれながら育つなどという時代ではなくなってきている。少子化の背景に，苦労をしても子沢山で幸せという価値観から，自分たちの生活レベルを落とさないで子育てするには，子どもをたくさん産まないという選択へとシフトしたという見方もある。子どもの存在や価値のとらえ方，かかわり方が変容してきていることがうかがわれる。子どもを取り巻く環境の変化や家族関係の変化の中で，子どもたちの生育環境における人とのかかわりの質と量は大きく変化しつつある。

　このような社会の環境の変化の中で，学校では，集団や社会に適応していくスキル（技能）を学習・獲得できていない児童生徒や，自尊感情が低い児童生徒，他者とかかわるために必要な安心感などをもてない児童生徒が増加してきている。これは，人とのかかわりの中で学習して身につけてくるべき社会面の発達の問題であり，応答的で温かい人とのかかわりの中で形成される肯定的な自己，安心して他者とかかわることができる自己という心理面の発達の問題であるとも見ることができる。このような子どもたちの変化の背景には，子どもたちを取り巻く「人とのかかわりの質と量」の変化がある。

（3）人とかかわる力の発達

　これまでは，人とのかかわり方としてのソーシャル・スキルは，取り立ててトレーニングなどすることなく，自然に社会で生活する中でこれらの経験をし，身につけることができた。家庭や地域，学校での多様な人間関係が，子どもたちの人とかかわる技能の発達を支えてきたのである。このようなかかわりが，地域，家庭などの環境から失われたことが，児童生徒の社会面の発達をむずかしくしていると考えられる。

　縦割り班で上手に下級生の面倒を見ることができない児童も，部活動で後輩をまとめることができない先輩，行事などの取り組みでリーダーシップを取る

ことができない生徒たちの姿も,そういったかかわり方を学ぶ経験が少なく,苦しんでいるのだと理解することができる。

　近年ソーシャル・スキル教育に取り組む学校が増えている。円滑に対人関係を形成する技能であるソーシャル・スキルの学習・獲得を目指すトレーニングは,①教示,②モデリング,③練習(リハーサル),④社会的強化(フィードバック)の要素を取り入れておこなわれる。つまり,人とかかわる力を身につけるには,豊かな人とのかかわりの中で,どう振る舞えば良いかをきちんと教えられ,どう行動すればよいのかという手本(モデル)となる人を見て,実際に自分でも使ってみて,これで良いのだという手応えをつかむという経験が,必要である。

(4) 自己形成

　自分にも良いところがあると思えたり,自信をもったりする自己形成の問題は,心理社会的発達の理論(Erikson, 1950)に基づいて考えると理解しやすい。健全な自己形成のためには,多くの豊かな人とのかかわりが必要である。児童生徒が自己の確立にむけてクリアすべき課題を概観すると以下のようになる。①応答的なかかわりの中で他者や自己に関する信頼の感覚をもち(基本的信頼　対　基本的不信),②できるようになることを励まされ見守られて,できる自分に信頼をもち(自律性　対　恥,疑惑),③いろいろなことを自分で試してみることを認められ,思うように試み,自分を生きることへの信頼をもち(自主性　対　罪悪感),④大人がやっていることに挑戦しながら,自分がこれから生きていく社会の文脈の中で有能かどうかを確かめる(勤勉性　対　劣等感)。これらの課題の積み上げの上に,自分らしい自分という肯定的な感覚(アイデンティティ　対　アイデンティティ拡散)が形成されていく。重要な点は,どの課題を乗り越えるにも人とのかかわりが必要であることである。社会が変化し,「人とのかかわりの質と量」が変化する中で,応答的に応えてもらう経験,甘えさせてもらう経験(「甘やかし」ではなく),励まされ,認められる経験,いろいろな体験をして,自分を確かめていく機会などが失われてきていると推測さ

れる。そのような状況の中で，自己肯定感や自尊感情の低下，将来への不安，無気力，学習意欲の低下につながる自己形成の課題が現れてきている。

(5) 教育実践に求められること

現代の児童生徒は，社会や人とかかわることに関する社会面の発達と，自分らしい自分という肯定的な自己を確立する心理面の発達の課題をかかえている。これらは，ともに「人とのかかわり」の中でしか発達させることができないものである。その部分の変容が児童生徒の多くの問題と結びついていると見ることができる。

不登校の問題は，「『心の問題』としてのみとらえるのではなく，『進路の問題』として」（文部科学省「不登校への対応のあり方（通知）」，2003，文部科学省「生徒指導提要」，2010）も見，社会的自立に向けて生き方を支援する必要性が指摘されるようになった。主体的に社会に参加して生きていくことに必要な社会面・心理面の発達を促す教育実践が求められているといえよう。同様に，いじめの問題も「児童生徒の心の結びつきを深め，社会性を育む教育活動を進める」（文部科学省「生徒指導提要」，2010）ことが肝要として，児童生徒同士の豊かなかかわりの中で，社会面・心理面の発達を促し，いじめや差別を生まない社会を形成するのに必要な社会性を育てる教育活動が求められている。これらの問題の解決には，社会面や心理面の発達援助が必要とされており，近年の児童生徒の現状と課題を象徴するものであるといえよう。

よくいわれる「偏在」と「遍在」という視点から考えると，児童生徒の問題行動は，偏って存在する（偏在）特定の生育環境や状況から生まれる問題であったものが，現在は，あまねく存在する（遍在）社会面・心理面の発達の危機の中で，「誰にでも起こりうる」問題として現れるようになったと考えられる。

さまざまな社会の変化の中で，子どもたちの一番近くで起きたことは，「人とのかかわりの質と量」の変化による社会面・心理面の発達の様相の変化であると考えることができる。現在の子どもたちがかかえる課題に対応する教育実践は，豊かな「人とのかかわりの質と量」の保障により，児童生徒一人ひとり

の発達を支えるものでなければならない。

2　児童生徒の発達に必要な集団経験とは

（1）学級集団の現状

　低学年の学級崩壊が注目されるようになってから久しい。しかし，学級崩壊，授業不成立の問題はなかなか解決がむずかしい。この問題は，社会面・心理面の変化が進んでいる児童生徒の割合が増加した学校で多く発生している実態がある。

　図1-1に表したように，社会面・心理面の発達が低いレベルにとどまっている子どもたちの割合の増加した右側の状態の学級では，集団を育てることが難しくなり，学級崩壊，授業不成立などのさまざまな問題が現れてきやすい。□と■で表した児童生徒は，低い自尊感情，対人関係形成能力，感情のコントロールなどの問題をかかえているため，教師の対応が必要である。しかし，その対応は，社会面・心理面の発達のつまずきに起因する問題であるがゆえに教師の指導がすぐには効果をもたない場合が多い。そのため非常に時間とエネルギーを要する。なぜならば，いけないことがわかっていても感情のコントロールができずにキレる，価値のない人間などいないことがわかっていてもダメな自分という低い自尊感情の問題をかかえてしまう，という発達の問題だからである。●や○の児童生徒は，これまでの生育環境において，長い時間かけて，人とのかかわり方を学習・獲得し，価値のある自己を形成してきたのである。□や■の児童生徒は，それができていないため，たんに教えるだけでは指導したことにならないむずかしさがある。

　右側の状態の学級集団に対応することは，非常に困難である。■の児童には個別に多くの時間をかけて，丁寧に指導する必要がある。たとえば，感情のコントロールが下手な児童生徒がトラブルを起こした場合，「我慢することも覚えなさい」と言うだけの指導ではなく，落ち着くまで待って，2人きりになって事情をよく聴き，その気持ちを受けとめがんばったところは認め，相手にあ

第1章 子どもたちの現状と特別活動

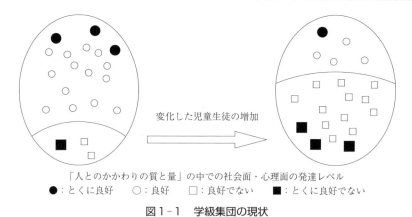

図1-1 学級集団の現状

やまるところまで見届けて，そのことをまた認めたり褒めたりする。教えるだけでなく，これまでの生育環境でのかかわりを取り戻すかのような発達援助が必要となる。

　それだけでなく，□の児童生徒も教師とのかかわりを求めていることが多い。そのため，■の児童生徒にかかわっていると，心の中では「いいなぁ」「自分もかかわってほしいなぁ」と感じている□の児童生徒が，さまざまな形でサインを出してくることになる。わざと叱られるような悪さをすることや心配させるようなことをすることなどはそのサインである。また，「なんでアイツだけ許されるの？」「どうしてオレだけに言うの？」と不満を言うのも同様である。

　このような状況の学級にも，●のような社会面・心理面の発達がよく，安定して誰とでもかかわることができ，リーダー性のある児童生徒は存在する。しかし，ほかに●や○の児童生徒の数が少なく，リーダーに協力するフォロアーとなる者が少ない状況では，その児童生徒がリーダーとして出てくることはできない。リーダーになる力をもっているのに，リーダーになりたがらない児童生徒の中に，協力してくれるフォロアーの児童生徒が少ない状態でリーダーをした経験のある者がいることがある。リーダーとして頑張ろうとしたけれど，誰も協力してくれなかったという経験のために，リーダーシップをとろうとすることを避けるようになってしまうのである。■や□の児童生徒の割合が多く

9

なった状況では，児童生徒が自分たちで集団としてまとまっていくことがむずかしく，その中で生まれる経験が集団活動に対する意欲を低下させている。

　学級に社会面や心理面に課題をかかえる児童生徒の割合が増加することは，上記のように，個別の指導に多くの時間とエネルギーが必要になることである。さらに，集団として育てることがむずかしく，集団経験の中で学ぶべき，集団生活のマナー，かかわりの良さ，リーダーやフォロアーの役割を身につけることができない。これが，近年増加している学級集団なのである。

(2) 発達の機会を保障する集団経験

　小学校の学習指導要領における特別活動の目標は，「望ましい集団活動を通して，心身の調和のとれた発達と個性の伸長を図り，集団の一員としてよりよい生活や人間関係を築こうとする自主的，実践的な態度を育てるとともに，自己の生き方についての考え（人間としての生き方についての自覚）を深め，自己を生かす能力を養う」（括弧内は中学校）と定められている（第2章1節を参照）。「望ましい集団活動」による児童生徒同士のかかわりを通して，社会面・心理面の成長を目指すという，とても重要な内容が述べられている。まさに，児童生徒同士の豊かなかかわりの中で，かかわり方を学び，それを実際に使ってみて手応えをつかむこと，応答的な温かい人とのかかわりや自分・他人の良さを認められること，助けられたり励まされたりすることなどにより，自己形成をしていく機会が保障されるのである。これまで学校で集団が良好に育てられていたときには，その集団の豊かなかかわりの中で個々の児童生徒が社会面・心理面の発達を保障されてきたと考えられる。だからこそ，これまで，多くの教師が，学級集団づくり，行事づくり，授業などを通して，集団の自治を育てて，その中で一人ひとりの児童生徒が育つことを実感し，有効な教育実践として大切にしてきた。

(3) 望ましい集団活動のむずかしさ

　集団を形成する一人ひとりの児童生徒の社会面・心理面の発達の課題を考え

ると，特別活動の前提とされる「望ましい集団活動」を成立させること自体が，むずかしくなりつつあることがわかる。そして，集団の成立がむずかしくなり，豊かな相互作用や関係性が保障されない状況では，さらに児童生徒の社会面，心理面の発達が促進されないという悪循環が生み出されている。

小学校で，最上級生である6年生が，縦割り班の活動でリーダーシップを発揮できなくなったのは，やはり，それまで良好な集団経験の中で学ぶことができなかったからである。中学生が，一昔前のように自分たちで学級合唱や体育祭の練習に取り組めない場合は，それまでの集団活動の経験が良好であったか，小学校までさかのぼって考えてみる必要がある。よい集団経験の中で学べておらずどうしたらよいかわからなかったり，協力して何かを成し遂げて良かったという経験がないために集団活動に意味を感じていなかったり意欲がもてなかったりしている可能性がある。

児童生徒の現状を考えると，良好な児童生徒の集団経験を生み出すことがむずかしく，そのこと自体がさらに児童生徒の社会化を困難にしていて，学年の発達の積み上げができなくなっている現状が出てきている。しかし，望ましい集団活動の中で生まれる関係性や相互作用が，児童生徒の発達を促進することは確かである。目の前の児童生徒の集団状況を踏まえて，状況に適合した特別活動の実践を創り出していく必要がある。

（4）社会の変化と特別活動

学習指導要領の特別活動の目標に書かれているように，集団の中でお互いがかかわり合いながら，一人ひとりの児童生徒が成長発達していくことの価値は，今も昔も教育実践の中で大切にされてきている。にもかかわらず，近年，そのような活動に十分に取り組ませることがむずかしくなってきている。一昔前のように，運動会のときに，6年生が用具の準備をしたり低学年の面倒を見たりするという小学校は少なくなった。また，生徒会実行委員会を組織するところから自治的な活動として体育祭や文化祭に取り組ませている中学校は多くはないであろう。

第Ⅰ部　特別活動とはなにか

　理由は，もちろん児童生徒数の減少や発達の変化により，指導がむずかしくなり，質の高い活動ができなくなったためということもあろう。たとえば，生徒が荒れてしまった中学校では，自治的な活動をさせることができず，体育祭などの行事などをやめてしまったところもあると聞く。

　週五日制が導入されたころ，行事の精選ということばがよく聞かれた。授業時数の確保がむずかしくなったのである。その結果，運動会，集会活動，体育祭，文化祭などの行事そのものは残ったものの，その取組は教師主導のものになり，教科の学習とかかわる内容中心に変化し，児童生徒が準備から自治的な活動として主体的に参加して作り上げていくような活動は失われていった経緯がある。当時，「行事などへの自治的な取組の中で児童生徒に育てていた力は，これからはどこで育てればよいのだろう」と疑問に感じていた教師は多いのではないだろうか。

　社会の変化にともなう授業日数の減少の中で，授業時数の確保，学力保障などを考えると，児童生徒の自治的な活動に時間を割くことは困難な状況にある。また，児童生徒の指導だけではない多様な仕事に追われて，多忙化に拍車がかかる学校の状況がある。そこに，指導に膨大な時間とエネルギーがかかる児童生徒の自治的な活動など，組み込んでいく余裕はなかなか見つからないのが現状かもしれない。

　しかし，近年，小学校で縦割り班活動や集会活動に，高学年中心の自治的な取組を再び取り戻している学校がある。また，中学校で体育祭を生徒会の自治的な活動に再び組み替えたところもある。どちらも，児童生徒が落ち着かなくなって荒れた状況になって，そこから学校を立て直す過程で，教師集団が選んだ方法である。たしかに指導には時間とエネルギーが必要で，授業時数の確保などのさまざまな問題をクリアすることはむずかしかったと推測されるが，生徒指導面や学習指導面でそれだけの教育効果が得られている。もちろん，このような取組だけが効果につながったというわけではないだろうが，児童生徒の豊かな関係性と相互作用の中で，一人ひとりの社会面・心理面の発達の機会が保障され生き方を支えられていることの効果が少なからずあるのではないかと

第1章 子どもたちの現状と特別活動

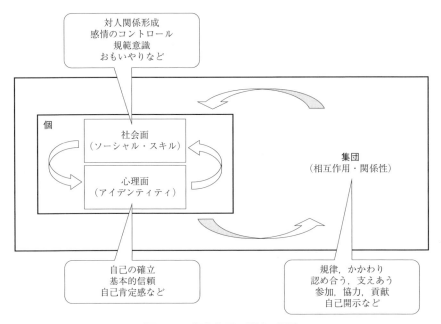

図1-2　個と集団の発達の関連

推測される。

(5) 集団の中で個を育てる

　児童生徒の社会面と心理面の発達に必要な要因を考えると，これまでも特別活動が大切にしている集団経験の中での個の発達ということが大きな意味をもっていたことが見えてくる。低学年からの集団経験の積み上げが，集団の豊かな人とのかかわりを育み，その中で，一人ひとりの発達が支えられ，さらに質の高い集団経験が実現されていたのである（図1-2）。

　しかし，現状を考えると，その好循環が成り立たなくなってしまっている。社会面・心理面の発達が良好でない児童生徒が集まる集団では，豊かな関係性の中での相互作用を生み出すことができず，その中では一人ひとりの児童生徒の成長発達は保障されず，その結果，いつまでも集団経験の質を高めて育てていくことがむずかしいという悪循環である。

児童生徒の現状を踏まえて，良い集団経験を保障して，その豊かな関係性と相互作用の中で一人ひとりの児童生徒を育てていく特別活動の実践を実現していくことが課題である。

3　これからの特別活動に求められる実践の工夫

(1) 実態に応じた特別活動

近年の児童生徒の現状と集団経験の変容を考えると，さまざまな実態の児童生徒の集団が存在していると考えられる。河村（2007）は，地域の特徴を「地方」～「都会・都心」の4タイプに分け，子どもたちの受容感（被受容感），セルフコントロール，かかわりのスキルなどに差があることを指摘している（図1-3）。たとえば，かかわりのスキルは地域の特徴により大きく異なっており，集団の関係性を育てるためには，ソーシャル・スキルの学習を丁寧におこなっていく必要があることがうかがわれる。社会面・心理面の発達の現状がさまざまであれば，その課題を解決していくために必要な集団活動は，その実態に合わせて考えていかなければならない。

このような地域の特性やその中で育つ児童生徒の実態を踏まえたり，これまでの集団経験の質や量を考慮に入れたりしながら，子どもたちの社会面・心理面の発達状態の視点からの理解をおこない，課題に対応した特別活動を展開していく必要があるといえるだろう。

(2) 実態に応じた実践の工夫

近年の学級集団の現状を考えると，特別活動は，実態に応じた展開の工夫が求められるようになってきている。たとえば，集団の基本的な規律が育っていない中では，集団での活動自体がむずかしいだろう。リーダーやフォロアー（リーダーに協力するメンバー）が育っていない集団では，役割交流を繰り返しながら体験的にリーダーやフォロアーの振る舞いを学ばせていくところからはじめる必要があるかもしれない。

第 1 章　子どもたちの現状と特別活動

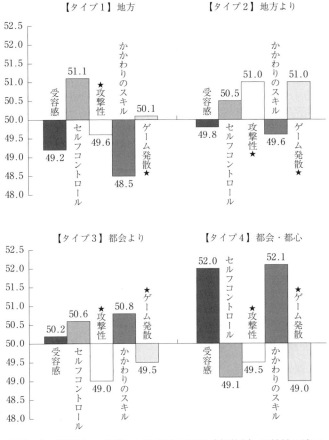

図 1-3　地域 4 タイプによる子どもたち（小学生）の特性の違い
（注）　平均値を 50 に換算した偏差値。棒グラフが上に長いほど平均より高く，下に長いほど平均より低い。
　　　★マークをつけた「攻撃性」「ゲーム発散」は低いほうが望ましい。
（出所）　河村，2007

　一昔前ならば，あたりまえに存在していた集団生活のルールやマナーから教えていく必要がでてきている実態もある。社会力の低下（門脇，1999）として指摘されるように，そもそも集団に参加しそれを作りかえていくような意欲や資質が育っていない場合には，集団での成功体験を積み重ねさせながら徐々に集団の良さや意味を感じさせていくことが必要であろう。実態に合わない特別

活動の展開は，実践がうまくいかないばかりでなく，児童生徒の失敗体験による傷付きや意欲の低下などの社会面・心理面のマイナスの発達を生み出すことにつながる。「望ましい集団活動」を成立させるためには，児童生徒の実態についての，多様な視点からの実態把握が必要になってきている。

（3）地域社会との連携

近年，学校が地域の人たちの協力を得ることを通して，地域の人々のつながりをつくることや，学校が地域の行事に積極的に関与することで，地域の共同体の形成を支える実践が増えている。特別活動においても，学校の中だけで活動が完結するのではなく，社会や地域とのかかわりの中で取組を展開して成果をあげている学校が出てきている。

近年の児童生徒の課題の解決のためには，多様な人とのかかわりの中で発達が保障される必要がある。今後ますます，社会や地域のつながりの中で展開する実践の重要性が増してくるものと考えられる。

（4）人とのかかわりの質と量の保障

学級崩壊の問題の深刻化に象徴されるように，児童生徒の発達の実態は，これからますます「望ましい集団活動」をむずかしくする方向に進んでいくと思われる。しかし，児童生徒の社会面・心理面の発達に必要な「人とのかかわりの質と量」の保障する「望ましい集団活動」がもつ教育的効果は，この課題を解決する重要な手立てとなり得る。

このような認識を教師集団が共有し，児童生徒の社会面・心理面や集団発達の視点も含めた多様な角度からの実態把握をおこないながら，実態に適合した豊かな特別活動の実践が生み出されていく必要がある。

〈文　献〉

　Erikson, E. H. 1950 *Childhood and society.* New York: Norton.（エリクソン，E. H. 仁科弥生（訳）　1977, 1980　『幼児期と社会　1, 2』みすず

書房)
門脇厚司　1999　『子どもの社会力』　岩波新書
河村茂雄　2007　『家庭・地域の課題（データが語る3）』　図書文化社

　〈もっと読んでみよう〉

佐々木正美　1998　『子どもへのまなざし』　福音館書店
　　⇨発達の視点から子どもたちの現状を理解したい人におすすめ。さらに『続　子どもへのまなざし』『完　子どもへのまなざし』へと読み進めてもよい。
河村茂雄・粕谷貴志　2007　『公立学校の挑戦 中学校』　図書文化社
　　⇨生徒たちの現状と課題に向き合い，人間関係づくりを通した発達援助を実現した学校の具体的な取組が紹介されている。また，そのような実践を実現する学校づくりのポイントが学べる。小学校の実践は『公立学校の挑戦 小学校』を参照。

〈考えてみよう〉

　自分の社会面・心理面の発達を振り返り，小学校や中学校，高等学校での「人とのかかわりの質と量」との関連を考えてみよう。

第2章
特別活動の意義と特質

渋谷真樹

> 学校生活の中で，もっとも楽しかった経験はなんだろうか。運動会？遠足？クラスのお楽しみ会？　じつは，これらは皆，特別活動の一環である。子どもの頃は，先生が特別に用意してくれた「おまけ」のように感じていたかもしれない，これらの活動は，れっきとした学校の教育活動であり，教科の学習とはちがう固有の意義をもっている。
>
> 　それでは，特別活動は，どのような目的や内容を含んでいるのだろうか。特別活動を通して子どもが身につける力とは，どのようなものだろうか。また，教師として特別活動を指導する際に，配慮すべきことはなんだろうか。本章では，学習指導要領をもとに特別活動の目標と内容を踏まえた上で，特別活動の特質や意義，課題について考えていく。

1　特別活動の目標

　特別活動は，道徳，総合的な学習の時間，および，小学校においては外国語活動とともに，教科外の領域に位置付いている。2008年3月に告示された小学校学習指導要領では，特別活動の目標は以下のように定められている。

> 望ましい集団活動を通して，心身の調和のとれた発達と個性の伸長を図り，集団の一員としてよりよい生活や人間関係を築こうとする自主的，実践的な態度を育てるとともに，自己の生き方についての考えを深め，自己を生かす能力を養う。

　中学校では，「集団の一員として」が「集団や社会の一員として」に，「自己

の生き方についての考えを深め」が「人間としての生き方についての自覚を深め」になっている。高等学校ではさらに,「人間としての生き方についての自覚を深め」が「人間としての在り方生き方についての自覚を深め」になっている。このように,発達段階に応じた相違はあるものの,集団の中で生きることを強調し,自主的,実践的な態度を育てようとしていることや,自己を生かす能力を養おうとしていることは,校種を通して一貫している。

　特別活動は,個々人の活動ではなく,学級や学年,あるいは学校全体での集団活動である。そこには,異年齢集団での活動も含まれる。第1章でみたように,社会の私事化(privatization)がすすむ現代では,子どもたち同士のつながりが希薄になり,個々の競争にさらされがちである。そうした中で,学校という場において,さまざまな集団を意識し,よりよい人間関係の形成にはげむことは,特別活動の重要な目的である。

　注意したいのは,「個性の伸長」と「集団の一員」であることは矛盾しない,という点である。集団は,個々の多様性がよりよく生かされるときにこそ連帯する。特別活動が目指すのは,個々の子どもの資質や願いを無視した画一化ではない。既存のルールへの盲従でもない。個性と社会性とをともに育て,「個性重視の教育」と「共生の教育」を両立させることが求められている(杉田,2009,63頁)。たとえば,運動会では,すべての子どもが同一の役割を担うのではなく,運動の得意な子や的確に司会進行をする子,上手に応援してクラスを盛り上げる子など,一人ひとりが特性を生かしつつ,よりよい行事作りに貢献していく。「共同性の涵養」の中で「個性の尊重」をはかるのは,日本の特別活動の特徴でもある(山田,2006a,77頁)。特別活動で子どもたちは,お互いのちがいを認め,生かし合える経験を積んでいくのである。

2　特別活動の内容

　特別活動の内容は,小学校では,学級活動,児童会活動,クラブ活動,学校行事から成る。中学校では,児童会活動ではなく生徒会活動と呼称が変わると

ともに，クラブ活動は含まれない。部活動は課外の自由参加の活動であり，特別活動には含まれない（コラム3参照）。高等学校の場合は，中学校と同じ3つの活動から成るが，学級活動はホームルーム活動と呼ばれている。

　特別活動の授業時数は，小学校1年生のみ34時間で，それ以外の小・中学生では35時間（週1時間相当）である。この時間はすべて，学級活動に充てることになっている。児童・生徒会活動やクラブ活動，学校行事については，「それらの内容に応じ，年間，学期ごと，月ごとなどに適切な授業時数を充てる」とされ（小学校および中学校の学習指導要領，第1章総則），学校や地域の実情に応じて時間配分している。高等学校では，ホームルーム活動に，原則として年間35単位時間以上充てることとされている。

　特別活動の諸活動はいずれも，望ましい人間関係を形成し，集団の一員として参画したり帰属感をもったりしようとする，自主的で実践的な態度を育むことを目標としている。クラブ活動では，これらにくわえて，個性の伸長を図ることも目指されている。以下，「学級／ホームルーム活動」，「児童／生徒会活動」，「学校行事」，「クラブ活動」について，内容の詳細を順にみていこう。

（1）学級／ホームルーム活動

　学級／ホームルーム活動は，子どもたち自身が合意形成をして，学級や学校でのよりよい生活を築いていく活動である。子どもたちは，話し合いをしたり，ルールをつくったりしながら，自分たちでよりよい集団を作り上げていく。後述するように，日本の若者は，政治への参加意識が低い傾向がある。自分たちの生活を自分たちでよくしていける，という体験を，まずは教室で積むことが重要である。

　また，学級活動の内容には，清掃などの当番活動による勤労観の形成や，学校給食を通した望ましい食習慣の形成が含まれる。ただし，日常的な清掃や給食の時間そのものを特別活動の標準授業時数に含むことはできない。清掃は，欧米諸国では業者に委託されることも多いが，日本を含むアジアの国々においては，人間形成のための重要な教育活動として位置付いている（米村・岩崎，

1978)。同様に,アメリカでは給食は楽しく食べる時間で,教師も子どもも「オフ」であるが(恒吉,2012),日本では,「望ましい食習慣の形成とともに,食事を通して望ましい人間関係を形成し,心身ともに健全な発達を図る」(「小学校学習指導要領解説:特別活動編」,2008年,44-45頁)ことを目指す,重要な教育の場になっている。

　日本の学校には,登下校指導や給食指導など,「指導」という言葉があふれている。職責を授業に特化する傾向のあるアメリカの教師に比べて,日本の教師は,子どもの生活を含めたより包括的な指導をしている(酒井,1997)。欧米諸国でも,教科外での活動を通した社会性の育成は行われているものの(武藤,2002;武藤・新井,2007),日本の学校は,日常生活のさまざまな場面で,より意識的に子どもの人間形成を図ろうとしている。子どもの社会性や感情面などを含めた21世紀型の教育においては,こうした全人格育成教育を再評価していく必要があるだろう(恒吉,2012;ルイス・杉田,2013)。

(2) 児童／生徒会活動

　児童会や生徒会の活動は,民主的な市民になるための重要な学びの場である。自分の考えをもち,それを他者に伝えることや,他者の考えを受け止めること,話し合いを経て合意を形成することなどは,社会で生きていく上で欠かせない力である。これらの力は,机上で教条的に習得できるものではない。子ども自らが,児童会集会や生徒会総会,委員会などに参画する中で,体験的に学んでいくのである。

　近年,若者の政治離れが叫ばれている。日本の若者は,他国に比べて政治意識が低いと言われる。財団法人日本青少年研究所が2009年に発表した「中学生・高校生の生活と意識」によると,日本の中・高校生は,アメリカ,中国,韓国の中・高校生に比べて,自分の参加によって社会現象が変わるかもしれない,という意識が低い(表2-1)。逆に,日本の中・高校生は,自分の力では「政府の決定に影響を与えられない」と考えていることがわかる(表2-2)。

　懸念されるのは,日本の中・高校生は,学校の生徒自治活動への参加意欲す

第2章 特別活動の意義と特質

表2-1 「私の参加により，変えてほしい社会現象が少し変えられるかもしれない」に対する回答（%）

	中学生				高校生			
	日本	米国	中国	韓国	日本	米国	中国	韓国
全くそう思う	10.2	14.0	17.4	11.7	6.5	16.9	19.6	11.4
まあそう思う	27.1	39.3	40.9	54.8	23.6	52.9	43.1	57.0
あまりそう思わない	40.9	19.5	29.4	26.9	49.8	19.5	28.3	25.5
全くそう思わない	18.6	9.5	9.9	5.1	18.5	6.8	8.4	5.5
無回答	3.2	17.7	2.5	1.5	1.6	3.9	0.6	0.6

（出所）日本青少年研究所，2009

表2-2 「私個人の力では政府の決定に影響を与えられない」に対する回答（%）

	中学生				高校生			
	日本	米国	中国	韓国	日本	米国	中国	韓国
全くそう思う	38.2	15.3	14.0	11.7	40.1	14.6	19.1	13.4
まあそう思う	33.8	19.0	19.1	40.2	40.6	28.3	24.7	41.8
あまりそう思わない	16.1	23.4	38.6	36.3	11.9	26.6	34.1	33.6
全くそう思わない	7.9	24.2	25.6	9.4	5.5	26.3	21.5	10.3
無回答	4.0	18.1	2.7	2.4	1.9	4.2	0.6	0.9

（出所）日本青少年研究所，2009

表2-3 「あなたは学校の生徒自治活動に参加したいですか」に対する回答（%）

	中学生				高校生			
	日本	米国	中国	韓国	日本	米国	中国	韓国
参加したい	14.7	40.8	53.7	20.6	10.9	49.3	49.9	24.0
参加したくない	28.5	24.8	7.2	38.4	29.5	27.7	12.8	39.3
どちらでもいい	51.6	19.5	37.6	40.0	57.9	20.7	37.0	36.2
無回答	5.2	14.9	1.5	1.1	1.7	2.3	0.4	0.5

（出所）日本青少年研究所，2009

ら低いことである（表2-3）。「どちらでもいい」と答える生徒が，中・高校生ともに半数以上を占めている。

日本では，学級や学校での特別活動を通して，隠れたカリキュラムとして協

調行動を重視してきた傾向がある（恒吉，1992）。隠れたカリキュラムとは，意図的・意識的ではないにもかかわらず，あるメッセージが子どもたちに伝わっていくことである。せっかくの児童／生徒会活動も，たんに集団に協調することだけが強調されるのでは意味がない。自ら考え，行動して，よりよい集団や社会をつくっていける人間を育てるためには，まずは学校において，重要な決定に参画し，ものごとを改善したり成し遂げたりする達成感を得る経験を積むことが重要である。児童会や生徒会の活動を形骸化させることは，子どもらに，「どうせ何も変わらない」という諦めを増幅させることになりかねない。教師は，子どもが自分たちにとって重要な課題をしっかりと議論できる機会を用意するとともに，子どもの意見を尊重しつつ，明瞭で合理的な決定をしていくことが求められる。

（3）学校行事

　学習指導要領に定められた学校行事は，儀式的行事，文化的行事，健康安全・体育的行事，遠足（中学校・高等学校では旅行）・集団宿泊的行事，勤労生産・奉仕的行事から成る。

　儀式的行事には，入学式や卒業式が含まれる。欧米の学校では，学期ごとの儀式をとくに設けていない場合も多い。一方，日本では，学期や学年，学校生活のはじめや終わりに式典を行い，節目をつけることは，これまでの学びやこれからの生活を見つめ直す大切な学校文化になっている。

　近年，文部科学省は，日本人としての自覚をもちつつ世界とコミュニケーションができる「グローバル人材」の育成を謳っている。教科外活動で国家行事を行って国民意識の形成に努めるとともに，子どもがさまざまな文化にふれ合う機会を用意している多文化国家オーストラリアの事例（山田，2006b）などを参考にしつつ，偏狭なナショナリズムに陥ることなく，多様な人々と共生していける子どもを育てていく必要がある。

　文化的行事とは，学芸会や文化祭，合唱祭などを指し，文化や芸術に親しんだり，日頃の学習成果を発表して意欲を高めたりすることを目指している。音

楽や美術，演劇などの文化活動に触れる経験は，家庭環境に左右されやすい。たとえば，子どもの頃に読み聞かせをしてもらった経験や，自宅の蔵書数，博物館や美術館に行った経験などは，母親の学歴が高いほど多くなる（Benesse教育研究開発センター，2009）。そうであればなおさら，学校のカリキュラムの中で，すべての子どもがさまざまな文化活動に参加する機会を用意することは重要である。小学校で平和学習の一貫として実施された沖縄への修学旅行で三線に出会い，それをきっかけに沖縄に無縁の県外出身者として初めて某大会で優勝するほどに腕をあげた人もいる。その人は，小学校が「人生を大きく変えた『恩師』」だと述べている（朝日新聞，2011年11月5日）。このように，特別活動は，子どもの将来の選択肢を広げる可能性をはらんでいる。

　健康安全・体育的行事には，体育祭や球技大会のような学校生活の目玉になる行事が含まれる。先述の学芸会や文化祭，合唱祭などとともに，集団での取り組みの中で，仲間との連帯感を培う貴重な機会でもある。海外にもスポーツや合唱などをする類似の行事はあるが，参加は任意で，集団というよりは個々人の能力の披露や競争の場であることが多い。一方，日本の学校では原則として全員参加で，集団としての活動が多く含まれる。そこでは，体育や芸術の才能に恵まれた者だけが活躍するのではなく，異なる能力をもつ者がそれぞれの仕方で集団に貢献することが望まれている（山田，2006a）。たとえば，運動会には，徒競走のような個々の運動能力が試される競技の他に，リレーや組体操，むかで競争など，集団の団結力が求められる種目も多々ある。競争も，個人レベルではなく，学級や縦割りの集団で行われている。さらに，飾り付けや応援，司会進行など，必ずしも運動が得手ではない児童生徒が活躍できる活動も織り込まれている。こうした行事を通して，子どもたちは，自分なりに集団に貢献をし，異なる他者の存在を認めることを学んでいく。集団生活や人間関係を学ぶ活動を特別活動として正規のカリキュラムに位置付け，すべての子どもが参加する重要な教育の場としていることは，日本の教育の特徴である（山田，2012；ルイス・杉田，2013）。結果のみならず，それに至るプロセスを重視しながら，子どもたちにいかに自主性を発揮させ，帰属感や達成感を獲得させるか，

教師の力量が試される。

　健康安全・体育的行事には，他に，健康診断や避難訓練なども含まれる。甚大な被害を及ぼした東日本大震災の際，岩手県釜石市では，小・中学生約3,000人のほぼ全員が避難して，多くの尊い命が救われた。この「釜石の奇跡」の背景には，日頃の学校での防災教育があったと言われている。小学校時代を釜石で過ごした筆者自身，「地震が来たらすぐ高台」の教えは，頭と体に叩き込まれている。釜石では，たんに教師の指示に従って避難するだけではなく，「想定にとらわれるな」，「状況下で最善を尽くせ」，「率先避難者たれ」という「津波避難3原則」のもとで，自律的に安全を確保できる子どもが育っていた。学校は，原則としてすべての子どもが集まる貴重な場であるから，そこでこうした防災教育が行われることは重要であろう。

　遠足（旅行）・集団宿泊的行事は，遠足や林間学校，修学旅行や社会見学などを指す。ふだんは教室で机を並べている友だちと一緒に行った海や山での楽しい思い出をもつ人も多いのではないだろうか。遠足（旅行）・集団宿泊的行事では，平常とは異なる環境の中で，見聞を広め，自然や文化などに親しむとともに，集団生活のあり方や公衆道徳などについて学ぶことができる。とりわけ自然体験が不足しがちな現代の子どもたちにとっては，野外活動の意義は大きいだろう。

　最後に，勤労生産・奉仕的行事として，勤労体験や職場訪問，ボランティア活動などが挙げられる。近年，フリーターやニートの増加や，若者の早期離職が社会問題になっている。これらは，社会・経済情勢や労働環境の問題であるとともに，学校と職業とのトランジション（移行）の問題でもある。本田（2009）は，学校教育の職業的意義を高める可能性について指摘している。学校と職業とを結び付け，早くから労働や生産の喜びを体験するためにも，勤労生産・奉仕的行事の取り組みは注目される。

（4）クラブ活動

　小学校におけるクラブ活動では，児童がそれぞれの興味や関心に沿った活動

を選択し，展開する。そこでは，それぞれが個性を伸ばし，よろこびに満ちた生活を送ることが期待されている。生涯を通じて心ゆたかな生活を送るためには，学業や職業の他に，趣味をもつことは大切である。すでに親しんでいる活動を深めるのもよいが，新しい活動に挑戦して，自分の興味や活動の幅を広げるのもよいだろう。クラブ活動の運営を通して，児童がよりよい人間関係づくりを学んでいくことも期待できる。生涯にわたって学び続け，バランスのとれた生活を営んでいく人間を育てたい。

3　特別活動の特質

では，特別活動は，各教科や道徳，総合的な学習の時間などとくらべて，どのような特質をもっているのだろうか。まず，特別活動では，教師主導の一斉指導や個別の学習ではなく，子どもの自主的・自発的な集団活動が中心になる。たしかに各教科でも授業は集団で行われているが，力点は，個々の児童生徒が知識を理解し，技能を習得することに置かれている。とりわけ中等教育では，個人的な能力の伸長が目指され，生徒が競争的な関係に置かれやすい。そうした中で，特別活動は，人とつながり，人の中で己を生かすことに主眼を置く，貴重な時間である。

近年，お金や不動産といった経済資本や，家庭の蔵書や親の学歴，教育行動といった文化資本だけではなく，人間関係のような社会関係資本が子どもの学業達成に影響することが注目されている（志水・高田，2012）。家庭の経済資本が少ない子どもたちの学業達成が低い傾向にあることは以前から知られていたが，学校が経済的な介入をすることは困難である。文化資本こそは学校が子どもに与えられるものと信じられてきたが，子どもの文化資本の獲得すら，家庭の経済資本や文化資本に左右されることがわかっている。しかし，社会関係資本は，経済資本や文化資本とは相対的に独立して存在するだけでなく，経済資本や文化資本の乏しい子どもほど，社会関係資本の多寡が強く成績に影響してくると言う。つまり，経済や文化の面で不利な家庭に育つ子どもであっても，

地域や学校で豊かな人間関係に恵まれれば、高い学業成績を収める可能性が示唆されている。特別活動の中で、さまざまな集団活動を通してよりよい人間関係を築くことは、ひいては学業成績の向上にもつながっていくと期待できる。

　特別活動は、体験的な活動を重視することも特徴的である。たとえば、学校行事では、実際に自然や文化に触れてその価値を実感したり、多様な人々に出会い、さまざまな職業の世界を垣間見ることで、生きることや働くことの意義を考えたりする。能動的に活動し、五感を使うことで得た体験は、具体的で鮮やかな印象を残し、共感を伴った深い理解や継続的な興味・関心をもたらし得る。通常の生活では体験しにくい事物に子どもを出合わせ、明日への可能性をひろげていくことは、特別活動の特質の一つである。

　また、特別活動では、公共の精神や社会性を育成するための実践的な活動を行う。民主主義は、民主主義的な教育を通してのみ教えられる。たとえば、子どもたちは、学級活動の話し合いの中で、自分の思いや考えを表現する方法や、他者の意見を聞く方法、そして、折り合いをつける方法を学ぶ。対立する意見が出てくること自体をおそれることはない。「どの考えが優位になるかを決めるのではなく、可能な限り互いの思いや願いを生かし合って合意点を見いだす」ことで、「〈自分もよく、みんなもよい〉と思えることを、〈折り合いをつけて決める〉ための話合い」を行うのである（宮川，2011，57頁）。

　特別活動では、多様な活動を子ども主体で行うため、多くの子どもが充実感や成功体験をもつことができることも特徴的である。教科学習では、優秀な成績を修める子どもは固定しがちであるが、特別活動では教師の工夫次第でさまざまな子どもに活躍のチャンスを与えられる。たとえば、運動会では、チームの団結や協力が問われる種目を取り入れることができる。また、修学旅行では、活動の内容や場面ごとにさまざまな役割を用意し、複数の子どもにリーダーの経験をさせることができるだろう。

　なにより、特別活動は、学校生活のよろこびを感じられる、楽しく自由な活動である。ただし、放課後のあそびや私的な誕生会などとはちがって、集団の全員がそれぞれの役割をもって参加し、連帯感を高める活動である。また、遊

園地やテレビ番組のように，大人が用意して子どもをエンターテインするのとはきわめて趣が異なり，楽しい活動ができるように子ども自身が創意工夫をしたり，仲間と協力したりする。そうした活動の充足感の中で，子どもは主体的に社会に参画するよろこびを学ぶのである。

4　特別活動の意義

　現代社会では，他者とかかわり，ともに新しい価値を生み出していく，社会的な参画力が求められている。たとえば，社会・経済的な諸課題について調査・分析を行っている国際機関の一つである経済協力開発機構（OECD）は，現代社会で求められるキー・コンピテンシー（中核的な能力）として，「異質な集団で交流する力」や「自律的に活動する力」を挙げている。また，本田（2005）は，知識や技術の習得による近代型の能力だけでなく，ネットワーク形成力や交渉力といったポスト近代型の能力も求められるようになってきていると述べる。こうした新しい力を育てるためには，机上の反復訓練だけではなく，子ども自らが活動し，かかわり合いながら，ことを成し遂げていくことが有効である。特別活動の意義は，まず，集団活動を通して個を生かしながら，よりよい人間関係を形成し，主体的な判断力や行動力を育てることにある。

　また，学校生活を生き生きと楽しく，実り豊かなものにすることも，特別活動の意義の一つである。たんに子どもが楽しむ活動というだけであれば，手軽にさまざまな体験ができるレジャー施設から短期留学を斡旋する会社まで，市場には子ども産業があふれている。しかし，学校で行う特別活動は，その場その場で子どもに楽しく過ごさせる，そうしたサービスとは一線を画している。子どもが客体ではなく主体になってこそ，特別活動の真価が発揮できる。

　特別活動では，うまくいかないことや子ども同士がぶつかることも多々ある。学校時代に印象に残っている学校行事としてよく挙げられる修学旅行でも，班がなかなか決まらなかったり，自由行動の際に思わぬハプニングがあったりと，さまざまな困難があったはずである。けれども，そうした困難をあらかじめ回

避したり，教師が解決したりするのではなく，子ども同士で考え，話し合い，行動する中で，子どもは達成感や充足感，連帯感や有能観をもつのである。

　観光バスに乗ってガイドについていくだけの旅行は，印象が薄い。自分たちで計画し，実行し，困難を切り抜けてこそ，忘れ難い経験ができる。楽しかった運動会や修学旅行，文化祭も，いま教職を目指す者として振り返るならば，そこに，計画や話し合い，準備や練習，協力や助け合いなど，社会で生きる力につながるさまざまな学びがあったこと，そして，そうした学びを陰で支える教師の配慮があったことに気がつくだろう。

5　特別活動の課題

　最後に，特別活動を指導する上での留意点を考えよう。山田は，特別活動の課題として，マンネリ化して，意義や効果を十分に意識した指導になっていないこと，特別活動の重要性に対して教師集団内に温度差があること，集団を指導する技量の乏しい教師がいること，学力重視の風潮の中で周辺化されがちであることの4つを挙げている（恒吉・山田・須藤・濱本・青木・杉田，2013）。新任教師にとっては，とりわけ，特別活動の指導力が気になるところだろう。

　特別活動は，各教科に比べて教師や学校の自由裁量が大きいため，教師や学校の個性や創意工夫が生かされやすい。それだけに難しさもあり，ある意味では，教科指導以上の力量が求められる。特別活動は自主的な態度の育成を目指しているが，学級での当番や係，児童会・生徒会や委員会の活動は，往々にして，教師が決めたことを子どもたちに実行させることに滑り落ちてしまいやすい。子どもが教師の指示を待ち，それに従うだけでは，主体的とはまったく言えない。学校の御用機関や教師の下請けではなく，子ども自身による，子ども自身のための活動であることを，子どもも教師も継続的に確認する必要がある。

　かといって，発達の途上にある児童生徒に，すべてを委ねて放任することはできない。特別活動は，「自治活動」ではなく，「自治的な活動」である。「小学校学習指導要領解説」では，「真に児童の自発的，自治的な活動とするため

には，学校として児童に任せることができない条件を明確にして指導することが大切である」として，「個人情報やプライバシーの問題，相手を傷付けるような結果が予想される問題，教育課程の変更にかかわる問題，校内のきまりや施設・設備の利用の変更などにかかわる問題，金銭の徴収にかかわる問題，健康・安全にかかわる問題など」を挙げている（42頁）。教師は，子どもの成長過程や全体としての教育効果を勘案して，適切な指導を行うことが肝要である。そもそも，子どもの自由な発想に任せているだけでは限界があり，子どもにとっても充足感が得られない場合も多い。むしろ，教師がアイディアやヒントを適切に用意しながら，子どもの自主性の芽を育てていきたい。

　子ども同士の人間関係には，十分な配慮が必要である。特定の資質や能力をもった子どものみがリーダーになるのではなく，活動や場面に応じて，さまざまな子どもが活躍できることが望ましい。また，リーダーと他の児童生徒とが対立するのではなく，集団が協力して目的を遂行できるように指導していく必要がある。安易な多数決や投票だけでは，少数者の意見は無視されてしまう。くわえて，集団活動が，過剰な同化主義や横並びになっていないか，それが結果として子どもの意欲を低下させることになっていないか，などの点検も必要である。多様な意見や立場を生かしながら，お互いがよりよく生きられる道をさぐっていける子どもを育てたい。

　多大な時間や労力を割いた特別活動が，「楽しかった」，「つかれた」で終わってしまってはあまりにも残念である。特別活動での学びを深めるためには，各教科や道徳，総合的な学習の時間などとの連関をはかるのがよい。たとえば，集団宿泊活動の事前学習として総合的な学習の時間を活用したり，ボランティア活動と道徳の時間とを関連させたりすることが考えられる。また，体験学習を一過性に終わらせないために，体験の目標や効果を明確に意識することが不可欠である。年間または複数年を見通した計画を立てたり，学年や学校全体で目標を共有したりすることも重要である。体験を通して感じたことや気付いたことを振り返り，発表し合うような，事後の活動も大切にしたい。子ども自身が学びや成長を確認することで，より充足感のある活動になっていくだろう。

このように，特別活動には，教師の多面的な力量が求められている。それだけに，教師にとっても達成感の大きな活動である。子どもたちの学校生活を生き生きと実り多いものにするために，ぜひ特別活動の時間を有効に活用してほしい。

〈文　献〉

Benesse 教育研究開発センター　2009　「教育格差の発生・解消に関する調査研究報告書」 http://berd-benesse.jp/shotouchutou/research/detail1.php?id=3210（2014年10月31日閲覧）

本田由紀　2005　『多元化する「能力」と日本社会――ハイパー・メリトクラシー化のなかで』NTT 出版

本田由紀　2009　『教育の職業的意義』ちくま新書

ルイス，キャサリン・杉田洋　2013　「日本型の教育としての特別活動の教育的意義」『初等教育資料』第898号，54-59頁

宮川八岐　2011　『やき先生の特別活動講座――学級会で子どもを育てる』文渓堂

武藤孝典編著　2002　『人格・価値教育の新しい発展――日本・アメリカ・イギリス』学文社

武藤孝典・新井浅浩編著　2007　『ヨーロッパの学校における市民的社会性教育の発展――フランス・ドイツ・イギリス』東信堂

日本青少年研究所　2009　「中学生・高校生の生活と意識――日本・アメリカ・中国・韓国の比較」 http://www1.odn-ne.jp/youth-study/（2014年10月31日閲覧）

酒井朗　1997　「文化としての『指導／teaching』――教育研究におけるエスノグラフィーの可能性」平山満義編著『質的研究法による授業研究――教育学／教育工学／心理学からのアプローチ』北大路書房，86-103頁

志水宏吉・高田一宏編著　2012　『学力政策の比較社会学【国内編】――全国学力テストは都道府県に何をもたらしたか』明石書店

杉田洋　2009　『よりよい人間関係を築く特別活動』図書文化社

恒吉僚子　1992　『人間形成の日米比較』中公新書

恒吉僚子　2012　「国際的に見た日本の学校行事の意義」『道徳と特別活動』第29巻第7号，4-7頁

恒吉僚子・山田真紀・須藤稔・濱本一・青木勇・杉田洋　2013　「特別活動が今後重視すべきこと」『初等教育資料』第898号，60-65頁

山田真紀　2006a　「小学校における教科外活動の編成形態に関する日豪比較」『オセアニア教育研究』第12号，65-79頁

山田真紀　2006b　「多文化社会における"伝統と文化を伝える学校活動"の構造——オーストラリア・シドニー市にある2つの公立小学校の事例から」『椙山女学園大学研究論集』第37号，163-175頁

山田真紀　2012　「日本の学校行事のよさと特質を踏まえた教師の指導の在り方」『道徳と特別活動』第28巻第11号，4-7頁

米村佳樹・岩崎恭枝　1978　「世界の学校掃除」沖原豊編著『学校掃除——その人間形成的役割』学事出版，124-153頁

　〈もっと読んでみよう〉

金森俊朗　2010　『「子どものために」は正しいのか』学研新書
　⇨38年間小学校教師として，子どもたちと「いのち」をみつめてきた筆者が描く，感動的な子どもたちの成長の軌跡。学級活動の力を痛感できる。数々の賞も受賞しているドキュメンタリーをもとにした『4年1組　命の授業——金森学級の35人』（NHK「こども」プロジェクト，2003，日本放送出版協会）もぜひ読んでほしい。

志水宏吉編　2011　『格差をこえる学校づくり——関西の挑戦』大阪大学出版会
　⇨格差拡大という近年の教育課題に対して，学校教育は何ができるのだろうか。本書では，関西の中学校・高校の教師たちによる集団作りの実践から，そのヒントを引き出している。

〈考えてみよう〉

　家庭環境に恵まれた子どもほど，文化的な経験が豊かで，主体的な学習行動を取りやすい傾向がある。たとえば，合唱祭でのピアノ伴奏を率先して引き受けるのは，家庭でクラシック音楽や楽器に親しんでいる子どもが多い。学校が，家庭環境の不利な子どもたちにも豊かな経験を与えるためには，どのような工夫が必要だろうか？　学校外での文化的経験が限られている子どもも積極的に参加できる文化的行事を計画してみよう。

第3章
特別活動の制度的位置づけと歴史

井深雄二

　特別活動は、各教科が教科指導を主とする領域であるのに対し、生活指導を主とする領域である。この特別活動は学習指導要領を基礎とした日本の教育課程という制度的枠組みの中に位置づけられている。本章では、特別活動がどのような制度的変遷を経て今日の姿になったのかを考える。さらに、ここでは特別活動の制度のみならず、その主な内容である遠足、運動会、修学旅行、学芸会（文化祭）、学級会・ホームルーム、児童会・生徒会などの源を探ることによって、今日的な指導のあり方を検討する際の一助となることを期待している。

1　特別活動の学習指導要領上の位置づけ

　第二次大戦後に初めて作られることとなった学習指導要領は、2008年（小中、高は2009年）に8回目の改訂が行われた。この学習指導要領は、今日では教育課程の大綱的基準を示しているところの、法的拘束力を持つ文書とされている。今回の改訂学習指導要領によれば、教育課程は大きくは各教科と教科外活動の2つの領域に分けられる。そして、各教科ほどではないが、教科外活動も小・中・高校（および中等教育学校、以下略）によって多少の違いがある。
　小学校の教科外活動は①道徳、②外国語活動、③総合的な学習の時間、および④特別活動、中学校では①道徳、②総合的な学習の時間、および③特別活動、高等学校では①総合的な学習の時間、および②特別活動、から成っている。いずれにしても、特別活動が教科外活動の中に位置づけられている点に変わりはない。

なお第2章でも述べられているように，小学校における特別活動は①学級活動，②児童会活動，③クラブ活動，および④学校行事，中学校は①学級活動，②生徒会活動，および③学校行事，高等学校は①ホームルーム活動，②生徒会活動，および③学校行事，から成っている。こうして見ると，中学・高等学校でクラブ活動（部活）が教育課程の中に位置づけられていないことに違和感を持つ人がいるかもしれない。しかし，小学校におけるクラブ活動はいわゆる「必修クラブ」で，4学年以上の同好の者が週1回程度行うものである。なお，かつて中学校では1972年，高等学校では1973年改訂の学習指導要領から，クラブ活動は特別活動の一領域として必修とされた経緯がある。しかし，中学校では1992年，高等学校では1993年改訂の学習指導要領において「部活動への参加をもってクラブ活動の一部又は全部の履修に替えることができる」ものとされ，中学校では2002年，高等学校では2003年改訂の学習指導要領で「必修クラブ」は廃止された。このように，教育課程の中に位置づけられるクラブ活動は全ての児童生徒を対象としており，原則として参加の自由な中学・高等学校での部活は課外活動に位置づけられている。なお，小学校においても「必修クラブ」とは別に参加自由の「部活」も行われている。いずれにしろ，「部活」は課外活動であっても学校教育の一環であることに変わりはなく，特別活動的性格を持っていることは留意すべきである（コラム3参照）。

2　特別活動の制度的変遷

ここで，簡単に特別活動の制度的変遷を振り返っておこう。特別活動の端緒は，第二次大戦後の教育改革期に教育課程改革の一環として作成された1947年学習指導要領（試案）における「自由研究」であったとされている。この「自由研究」は，小学校では教科の一つに，中学校では選択教科の一つに位置づけられていた。「自由研究」は児童生徒の要求や興味に基づき，個性を伸ばす自主的活動であるとされ，学年の枠を取り払うことも可能で，同好の者が集まって，音楽・書道・手芸・工作・絵画・理科実験などをクラブ組織で行うという

まったく新しい試みであった。

　しかし，これらの活動は他の教科活動と重複したり，性格が曖昧であったりしたため，中学校では1949年学習指導要領一部改訂で，生徒の自発性に基づく教科以外の活動としての「特別教育活動」に切り替えられた。また，小学校では1951年学習指導要領改訂で「教科以外の活動」に移された。なお，小学校の「教科以外の活動」には授業時間の配当がなかった。また高等学校では，1947年学習指導要領の補遺として出された通達「新制高等学校の教科課程に関する件」（1947年発学156号）において「自由研究」が教科課程に含まれることとなったが，1951年学習指導要領改訂で「特別教育活動」に切り替えられた。さらに1958年学習指導要領改訂では，小学校の「教科以外の活動」も「特別教育活動」に切り替えられたから，ここで小・中・高校での名称が統一されたことになる。

　ところで，1958年学習指導要領改訂（小・中）では新たに「道徳」（特設道徳）が加えられ，教育課程は①各教科，②道徳，③特別教育活動，および④学校行事等の4領域編成となった。また，高等学校では1960年改訂で学校行事等が特別教育活動の枠外に設けられるところとなり，①各教科，②特別教育活動，および③学校行事等の3領域編成となった。

　その後，1968年学習指導要領改訂（小学校）と1969年改訂（中学校）において特別教育活動と学校行事等が一つに括られて，特別活動となって今日に至る訳である。なお，高等学校においては1970年学習指導要領改訂において，①ホームルーム活動，②生徒会活動，③クラブ活動，および④学校行事等が一括されて「各教科以外の教育活動」と名称づけられてきたが，1978年学習指導要領改訂において「特別活動」となり，ここで再び小・中・高校の名称が統一された。

　ところで，従前「特別教育活動」と「学校行事等」が区別されてきたのは，前者が児童生徒の自主性によって行われる活動，後者が学校によって計画・実施される活動と特徴づけられてきたことによると言われたことがあった。しかし，いずれにおいても児童生徒が年齢にふさわしい形で自主性を発揮すること

が望ましく、それが故に統合されるようになったものと言えよう。

なお、中等教育学校（1998年6月学校教育法改正）における特別活動については、前期課程は中学校に、後期課程は高等学校に準ずることとされている。

3 　特別活動の歴史的概観

さて、今日こうした特別活動として行われる遠足、運動会、修学旅行、学芸会（文化祭）、学級会・ホームルーム、児童会・生徒会などは、いつ頃からどのような意義・形を持って始められ、どのような変遷をたどってきたのだろうか。こうしたことを知ることは、今日の特別活動の意義をより深くつかみ、効果的なあり方を考えていく上で参考になる点も少なくないと思われる。なお、特別活動として今日行われている事柄の始まりを探っていくと、儀式的行事を別とすれば、小学校（初等学校）で始まったものと中等学校以上に起源を持つものとに分かれることが知られ、興味深い。

（1）遠足

まず小学校（初等学校）に起源を持つ学校行事として、なじみの深い遠足を取り上げてみよう。遠足と言えば、徒歩で往復する日帰りのお楽しみ行事である。もっとも、遠出をした場合に帰りはバス・電車ということがない訳ではない。ともあれ、徒歩で長時間・長距離で移動することが遠足の核心である。

この長時間・長距離の徒歩による移動は、じつは複数の小学校によって行われる連合運動会に参加する必要性から生まれたと言われている。運動会の始まりは後述するとして、小学校で運動会が普及していったのは、1880年代後半以降とくに日清戦争（1894-1895年）後の戦意高揚のためだったと言われる。学制（1872年）が発布された当時の小学校は、全国に53,760校（8大学区、1大学区＝32中学区、1中学区＝210小学区）設置する計画であった。実際には、1873年段階で12,558校、その後増加して1895年には26,631校、ピークは1905年の27,407校で、以後漸減していくがこれは統廃合によるものである。日清戦争

直後の1895年当時でみると，1校当たりの平均在籍児童数は136人（山村ではさらに小規模）で，運動場なども未整備な学校が少なくなく，これでは運動会にならない。そこで行われたのが近隣の学校が集まっての連合運動会で，そこへの参加のための行進が，遠足の始まりであったとされている。つまり，遠足とは遠くまで徒歩で往復するというだけの意味であった。

その後，運動場が整備されたりして運動会が各校毎に開かれるようになる頃，児童中心主義な体験学習として，自然学習や郷土観察など，児童の自発性や興味・関心を引き出すという教育的意義づけが与えられ，運動会とは独立して今日につながる校外学習としての遠足が成立したとされている。

(2) 運動会

学校で特定の種目に限られない競技や遊技を総合的に楽しむ運動会は，日本独自のものと言われる。運動会の起源は，1874年に海軍兵学寮がイギリス海軍士官の指導で導入したアスレチック・スポーツ（競技遊技）であるとされている。その後のものとしては，札幌農学校の「力学会」(1978年)，東京帝国大学の「運動会」(1885年) などが知られており，運動会は中等学校以上のエリート校で始まったものであった。

ところで，1883年の徴兵令改正にかかわって「歩兵操練科」が中学校・師範学校で実施されるようになり，「兵式体操」とも呼ばれるようになる。なお，「歩兵操練」から「兵式体操」への変化は，たんなる呼称の変化に止まるものではなかった。これは軍事教練的「歩兵操練」から，森有礼の教育論に媒介されての「兵式体操」であったことには注意を要しよう。そして1886年の中学校令，師範教育令等の施行に際して，普通体操と並んで，兵式体操が正式に行われるようになった（たとえば，1886年文部省令第14号「尋常中学校ノ学科及其程度」の第5条に掲げられている各学科の一つとしての体操の内容は「普通及兵式体操」とされていた）。この背景には，当時の文相森有礼が兵式体操の価値として，「忠君愛国」の精神と忍耐・気力の養成が兵士のみならず臣民の内面形成にも役立つものとして，その理想像（順良・信愛・威重）を軍人に求め，それ

はまた師範学校で養成される教員の理想像ともされる事情があった（師範学校令第1条「師範学校ハ教員トナルヘキモノヲ養成スル所トス　但生徒ヲシテ順良信愛威重ノ気質ヲ備ヘシムルコトニ注目スヘキモノトス」1886年勅令第13号）。このような兵式体操を集団訓練と結びつけて，小学校にも奨励されるようになって始められたのが運動会で，したがって先にも述べたように，当初は連合運動会として学校間で勝敗を競うものでもあったのである。

　その後，小学校の就学率も上がり，各学校に運動場が整備されてくると，学校別に運動会が開かれるようになるが，紅白対抗の形式をとるなど，原形としての「競技遊技」は継承されていった。さらに，明治末期に地方改良運動の一環として，行政村の統合とともに神社の統合も進んでくると，「村の鎮守」の意義が薄れることとなり，運動会は地域の「祭り」の意義づけも与えられるようになる。こうして，子どもと父母のみならず，村をあげての行事の色彩も持つに至る場合も少なくなかったのである。

（3）修学旅行

　修学旅行もその起源をみると，1886年に正式に導入された「兵式体操」と深い関係があった。旧制中学校や師範学校は，徴兵期間が短縮される特例（兵役は通常3年間）の対象学校であり，旧制中学校では「兵式体操」は「1年現役制」と，師範学校では「短期現役制」と不可分の関係にあったのである。したがって，「兵式体操」は「徴兵令」（1873年太政官布告，1889年法律第1号）によって，軍役に就き行われる軍事教練の学校版といってもよく，その中には「行軍」（徒歩による機動的な移動）に相当する科目があった。

　ところで，高等師範学校（東京）も事情は同じようなものであったが，1880年前後に同校の教頭であった高嶺秀夫（日本へのペスタロッチ式教育導入の先覚者）が「行軍」を行うに際して，軍隊的色彩を嫌って学校の持ち味を活かすことを提案し，これを「修学旅行」と命名した。しかしながら，「修学旅行」の本体は「行軍」であったから全て徒歩であり，1887年8月に出発し，長野・山梨・静岡・神奈川の山々を1カ月かけて歩いたのが始まりとされている。

この修学旅行は師範学校を中心に広がっていき，1888年の「尋常師範学校設備準則」（文部省訓令第1号）の中に「修学旅行」の規定が見られる（「修学旅行ハ定期ノ仕業中ニ於テ一年六十日以内トシ可成生徒常食費以外ノ費用ヲ要セサルノ方法ニ依リテ之ヲ施行スヘシ」）。1900年に至って文部省が「官設鉄道ノ学校生徒乗車賃金割引方」を通知し（佐藤秀夫による），官設鉄道の団体利用割引制が始まった。このことによって，鉄道を利用しての遠方への旅行や長距離の徒歩に困難の多かった女子の旅行が一挙に可能となり，首都東京や日本国のまほろば伊勢・奈良・京都を巡る修学旅行が中等学校の恒例行事となっていった。たとえば，1901年「中学校令施行規則」（文部省令第3号）に「修学旅行」（第17条）の規定が示され，この規定は同年の「高等女学校施行規則」（文部省令第4号）においても準用されることとされていた（第23条）。

（4）学芸会（文化祭）

学芸会（文化祭）と言えば，合唱や演劇を中心に学校における子どもたちの成長の姿を，教育の成果として父母や住民に公開アピールする場というのが今日の姿であるが，その始まりは古く寺子屋時代の「席書」（せきがき）や「大浚」（おおさらい）などと呼ばれる，一種の習字コンクールであったと言われる。これを引き継ぐ形で行われたのが，「学制」のもとで行われた定期試験後の進級試験優秀合格者の表彰や成績公開であった。これは，当時の学習集団が年齢ではなく，学習達成度で分けられる等級制を採っていたためである。しかし，いわゆる第二次小学校令（1890年勅令第215号）以来，年齢を基礎にした学習集団としての学級制が採られて等級制が廃されたため，この種の成績コンクールのようなものは細々と続けられるに過ぎなくなった。その意味で，これらの「学芸」にかかわる行事は，学芸会の前史に位置づけられている。

今日的な姿に近い学芸会が行われるようになったのは，学級の成立後で，いわゆる大正自由教育（児童中心主義）の影響が大きかったものと思われる。それまでの子どもの演劇と言えば，女形や子役などの大人の演劇の補助であったが，明治期半ば頃より始められた巌谷小波らの児童文化運動では，その一環と

して童話とは区別された「話して聞かせる」ということを強調する「おとぎばなし」を近代的に再編成し，その努力の一つとして「お伽芝居」が試みられるようになった。これを評価した坪内逍遙らが1900年代初期のアメリカの例を参考にしながら日本で定型化したのが児童劇で，大正後半期以降次第に小学校で定着していくが，その過程で学校劇と言われるようになった。他方，中等学校以上における学校劇は当初好ましからざるものとして見られ，文部当局の取り締まりの対象でもあったと言われている。こうした傾向が払拭されていくのは1930年代以降のことであるが，その頃になると学校劇の性格も児童中心主義的なものから，戦意高揚的なものに次第に変わっていったものと思われる。

（5）学級活動・ホームルーム

　学級活動の前提になるのは，学級それ自体の成立である。既述のとおり，「学制」（1872年）では，等級制が採られており，今日的な意味での学級は存在しなかった。年齢を基準に学習集団を編成する方式が採られるようになるのは第二次小学校令（1890年）からであり，ここに学級が成立することになる。

　ところで，学級には「学習集団」としての「級」と「生活集団」としての「組」という2つの機能が内在している。「級」を構成する論理は学力の均等性であり，「組」を構成する論理は生活規律の平準性である。学級は，この2つの論理を年齢によって結びつけている訳であるが，同一年齢であることは，生活規律の平準性は担保し得ても，学力の均等性は担保し得ない。換言すれば，学力の均等性をある程度犠牲にし，「組」の論理の優越性を確保することで日本の学級は成立している。ここには，戦前日本の小学校教育において，教育勅語の精神に基づく「修身」を筆頭教科としていたことに端的に示されているような，道徳教育重視の教育観が見てとれる。このように，学級活動は学校生活の基礎単位の意味づけが強く与えられてきた。このことは，第二次世界大戦後にも，進級が登校日数によって強く規定される「履修主義」として影響を与え続けているものと言える。なお，近年「習熟度別学習」など「級」の論理が強まる傾向にあり，それだけ相対的に「組」の論理が弱くなってきている。ここ

に「学級崩壊」の一因を見ることが可能であろうし，また「道徳の教科化」という徳育強化策の一因を見ることも可能であろう。

　一方，ホームルームというのは，第二次大戦後に導入されたまったく新しい考え方であった。いわゆる「六・三・三制」では，6年間の小学校は初等教育であり学級担任制が採られている。これに対して，中学校と高等学校は中等教育であり，教科担任制が採られている。教科担任制は，また選択教科を予定してもおり，中学校・高等学校では「学習集団＝生活集団」ではない。ここに，中学校・高等学校における生活集団としてのホームルームが要請される根拠がある。1949年に公刊された文部省学校教育局編『新しい中学校の手引き』において，中学校にホームルームを設けることとし，ホームルームは生徒が民主的社会の立派な成員になれるような教育的経験を与える場であり，それは教科・クラブ活動・社交・生徒会等へ参加し，また戻ってくる「場所」とされた。ホームルームは，毎日の始業前や授業終了後のショートホームルームと週1回のロングホームルームより成るものであった。この中学校のホームルームは，1951年学習指導要領改訂の際に記述が盛り込まれ，ホームルームは「学校における家庭」であり，固定した部屋を有してそれぞれに一人ひとりの教師が責任を持ち，組織的研究的に計画を実行することが望ましい，とされた。

　しかし，1958年学習指導要領改訂の際に，中学校のホームルームは「学級活動」に改められた。これは，道徳が特設されたことでホームルームの担うべき課題の大部分がそちらに移された形となり，また中学校では選択教科は事実上技術・家庭に限られていたから，日常的な生活集団は学級で事足りたからであったと考えられる。

　他方，高等学校のホームルームについては，1951年学習指導要領改訂で中学校の場合と同趣旨の内容が明記されて以降，一貫して存続している。

(6) 児童会・生徒会

　学校における自治には，2つの流れがあると言われる。一つは「自（みずか）ら治める」自治であり，いま一つは「自（おの）ずから治まる」自治であ

る。

　第二次大戦以前においては，一部のエリート校を除けば，学校における自治は「自ずから治まる」自治であって，教師の命じるところにわが身が治まる程度でしかなかった。これに対して，戦後においては「自ら治める」自治が奨励され，戦後初期においては自治会が組織された。これを教育課程に位置づけたのが1951年学習指導要領改訂で，小学校は児童会，中学校・高等学校は生徒会と命名された。但し，学校によっては，「学友会」などの慣習的な呼称を持つところもあった。

　さて，児童会は「全校の児童によって選挙された代表児童をもって組織されるものであって，代表児童はこの組織を通じて，全児童に代わって発言し，行動し，学校生活のよい建設に協力参加することを目的」とするものであり，生徒会は，「生徒を学校活動に参加させ，りっぱな公民となるための経験を生徒にあたえるため」につくられたもので，民主主義の原理を理解させることなどを目的としている，とされた。

　しかしながら，この1951年学習指導要領では，あえて自治会という呼称を不適とし，その理由を「学校長の権限から離れて独自の権限があるかのように誤解されるおそれがある」という点に求めるものであった。ここにすでにして，「自ずから治まる」自治へ転じていく萌芽があったと言えなくもない。というのは，今日の「子どもの権利条約」（1989年国連総会採択，1994年日本批准）の視点から見れば，学校への参加は児童生徒の固有の権利に基づくものと解するべきものであるからである。とまれ，民主主義の原理を知り・経験する組織としての児童会・生徒会は，その後必ずしも順調には発展してはこなかったように思われる。それは，主として「六・三・三制」がそのものとしては確立せず，「六・三義務制」として定着したため，中学と高校の接続関係が当初の「希望者全入」から「適格者主義」（1963年「公立高等学校入学者選抜要項」初等中等局長通知）に変更され，中学が受験競争の荒波に飲み込まれていくとともに，地域と学校との関係が疎遠になっていったためではなかろうか。

第3章　特別活動の制度的位置づけと歴史

〈文　献〉

青木孝頼ほか編　1969　『小学校特別活動事典』第一法規
飯田芳郎ほか編　1971　『中学校特別活動事典』第一法規
海後宗臣監修　1971　『日本近代教育史事典』平凡社
神田修・河野重男・高野桂一編　1986　『必携学校経営』エイデル研究所
奥野武志　2013　『兵式体操成立史の研究』早稲田大学出版部
佐藤秀夫　1987　『学校ことはじめ事典』小学館

〈もっと読んでみよう〉

志村廣明　1994　『学級経営の歴史』三省堂
　⇨本書は，日本における戦前期の学級経営を対象とした歴史研究である。日本の学校制度において「学級」がどのようにして成立したのかを知る上で，多くの知見を与えてくれる。「学級」は学力の等級を示す「級」と学校における生活の基礎単位を示す「組」という2つの要素によって成立している。このことを深く考える上で，本書は役に立つであろう。

佐藤秀夫編　2002　『日本の教育課題　5　学校行事を見直す』東京法令出版
　⇨本書は，日本の学校行事に関する歴史資料集である。本章では割愛したが，戦前日本の学校教育においては儀式的行事が重要な意味を与えられていた。いわゆる「四大節」（四方節，紀元節，天長節，明治節）には，学校において児童や教職員のみならず地方の有力者が学校へ集い，御真影に最敬礼し「教育勅語」の奉読が行われることを常としていた。このような儀式は戦後においては行われなくなっているが，入学式・卒業式などをどのような学校行事とするかを考える上では，今日でも知っておくべきことが少なくない。その他，本章で扱ったテーマについても詳細な資料が掲載されている。

〈考えてみよう〉

　学習指導要領では，特別活動の目標を「望ましい集団活動を通して，心身の調和のとれた発達と個性の伸長を図り，集団（や社会―中・高）の一員としてよりよい生活や人間関係を築こうとする自主的，実践的な態度を育てるとともに，自己（→人間として―中・高）の生き方（→在り方生き方―高）についての考え（→自覚―中・高）を深め，自己を生かす能力を養う」と規定している（第2章参照）。

第Ⅰ部　特別活動とはなにか

　他方，国際人権規約（A規約）では，「締約国は，教育が人格の完成及び人格の尊厳についての意識の十分な発達を指向し並びに人権及び基本的自由の尊重を強化すべきことに同意する。更に，締約国は，教育が，すべての者に対し，自由な社会に効果的に参加すること，諸国民の間及び人種的，種族的又は宗教的集団の間の理解，寛容及び友好を促進すること並びに平和の維持のための国際連合の活動を助長することを可能にすべきことに同意する。」と謳われている。

　グローバル化が言われる今日，学習指導要領の目標観は抽象的に過ぎるように見えなくもない。学習指導要領の目標観をより具体的に発展させるとすれば，どのようなものが考えられるだろうか。

第Ⅱ部
特別活動における教師のしごと

第4章
小学校の実践①学級経営を基盤とした特別活動

植島佳子

> 「学校へ行くのが楽しみ。」,「学級が楽しい。」という子どもの声があがる。こんなとき,「担任してよかった。」,「学級の子どものためにこんなことしてやろう。」と教師にもやる気が出る。こんな学級にしたい,と担任なら誰もが望むところだ。では,どうしたらそんな学級に育つのか。簡単な答えはないが,ポイントはある。それをここでは紹介したい。

1 「情」を育てる

　小学校教師としての私が学級経営で一番大切にしてきたことは,「情」を育てること。「情」とは,喜怒哀楽といった情感のことだ。家庭や地域の環境も子どもに大きく影響するが,一日の多くの時間を一緒に過ごす学級の友だち,教師の影響はもっとも大きいと考えている。学級の中で個々の子どもの「情」が育つと,子どもは安心して自分らしさを発揮し,教師や友だちの中でやる気を出し,目標に向かうことができる。逆に,「情」が育たないと人間関係にも大きな影響を及ぼし,子どもは不安定になる。

　子どもの「情」を育てるためには,教師自身が「情」のある人間であることが必要である。四六時中子どものことが頭の中にある担任,子どものために必死になれる担任,そして,ときには思いを演じる役者,子どもの健康を看取る医者,将来を見据えてよき個性を見いだす易者,知識を与える学者になれる担任……。こんな熱い思いをもった「情」のある担任であることだ。

　とくに,学級びらきの初日からの1週間がとても大切である。担任はもちろ

んであるが，子どもも緊張し，どの子も「頑張ろう。」と期待をもって進級する。「どんな先生かな。」と，子どもは探っている。担任は，「先生はいつもみんなの味方や。何があっても守る。」という姿勢を子どもに示すことが大切である。そして，「心のエネルギーがなくなったら，学級全員でエネルギーをあげよう。そんな仲間になろう。」と，力強く語るのがよい。こうした言葉を裏切ることがないように，つねに熱く子どもとかかわることが大前提である。

　教師が子どもと同じ目線で話し，何でも子どもの言うことを聞くような，一時的な人気とりは長続きしない。それどころか学級の崩壊を招きかねない。むしろ必要なのは，「これだけは許さない」という担任としての凛とした態度や発言である。安心して学べる学級には，規律と学習習慣があることを忘れてはならない。私自身は担任として，「友だちの心と体を傷つけること」と「固定して他を寄せ付けないようなグループをつくること」は，絶対に許さなかった。友だちを悪く言ったり傷つけたりする言動があれば，そのときに真剣に取り上げ，言った子の心の内を聞きながらも，ダメなことはダメと教える。教師が毅然とした態度で臨むことで，学級にそういうことが許されない雰囲気ができる。同時に，子どもの心の内を聞くことが大事で，子どもの人格を否定するのではなく，したこと（言動）がいけないことを諭す。叱られた理由を子どもに納得させることが必要である。ここがあまいと，子どもは担任についてこなくなる。

　また，子どもの言動の小さなことでも教師が大きくほめ，一人ひとりのよさを学級のみんなで認めていくことが大事である。教師の取り上げ方一つで，子どもが子どもを見る目は変わる。「さすがやなあ。学習の準備が完璧や。」「昼休み，一緒に遊ぼうと友だちに声をかけて誘ってあげているのを見て，ええ子やなあ，優しいなあと感心したわ。」など，教師がいつも見ていることを伝え，みんなの前でほめて拍手を送る。ほめられた子どもはいい気分になり，次の行動に反映する。また，友だちのいいところを見る目が育つ。そういう積み重ねから，学級がまとまり，深いつながりができ，温かいものがどの子からもじんじん伝わってくるようになる。「情」が育ってくるのだ。

　そんな学級に育つと，教師としても毎日が楽しく，この子らのためにもっと

やってやろうという意欲がわき起こるようになる。担任としての自信にもつながる。学級担任になったその日から，体いっぱいで子どもや保護者を受け止める情熱……。それがあるかないかで学級経営が決まると，私は思っている。

2　日常的な特別活動を通した学級経営

（1）子どもに語る

　朝の会や帰りの会，学級会などにおいて教師がじっくり落ち着いて子どもに語る時間をもつことで，子どもたちは自分を振り返って考えるようになる。また，教師に対する信頼も深まる。そして，子ども自身の感性も育つ。教師は，人生・人間性・命等々，大切なことを真剣に子どもに訴え，語る。話のネタは，日頃から収集しておくようにする。
　たとえば，私は，「努力の壺」という話をする。それは，次のような話である。

> 　人間は生まれてくるときは，みんな背中に見えない空っぽの壺をたくさん持って生まれてきます。それは『努力の壺』と言います。一つのことができるようになるために努力をし，壺が努力でいっぱいになったとき，それができるようになるのです。そんな壺がたくさんたまったら幸せが見えるようになり，幸せをつかむことができるのです。

こんな話を聞いている子どもたちは，教師を食い入るように見る。大切なことを静かに語り，考えさせる時間をぜひもってほしい。
　また，授業のちょっとした合間や掃除終了後等の時間を上手に使っての，紙芝居や本の読み聞かせもよい。子どもが大好きな時間である。みんなが同じお話の世界に浸り，さまざまな人の生き方を考えたり，知らない世界をのぞいたり……。みんなが話題を共有することが大事である。

(2) 子どもをほめる

　自分の存在が認められることは大人の世界でもいい気分だが，子どもならなおさらである。ほんの些細なことでも認めてあげることで，子どもは教師が自分のほうをむいて見てくれていることに喜びを感じる。そして，それはまた次の意欲につながる。

　昨日よりよくできたこと，できるようになったことをすかさず認め，みんなの前でほめる。そのためには，教師が日頃から個々の子どもの見とりをどれだけしているかが大事である。教師には，子どもたちを広く見渡すトンボの目が必要なのだ。「なるほど，いいねえ。」，「先生がすごく頼りにしているんだよ…」，「さすが！」と，オーバーなくらいほめてあげる。そこには，生き生きとした子どもの姿が見えてくる。教師がほめることで，周りの友だちもその子を認める。

　また，友だちのよいところ探しをして，それを書いた付箋を本人に渡したり，「ほめほめ大会」を開いてグループでお互いをほめ合ったりして，子どもに自信をもたせることも有効だ。「ほめほめ大会」は，学期末の終わりの会や席替えの前後などの時間を使って，班の中で一人ずつの子どもを順番にほめ合ったり，付箋に書いた「いいところ」を渡してあげたりする活動である。

　一方では，いけないことは絶対許さないという強い姿勢が大事である。アンテナを高く張り，ちょっとした言動を見逃さない鳥の目が必要になる。「ダメなことは絶対ダメ。」「いじめは，わけなんかなしにダメ。」と強く言い切り，叱ることが子どもたちの信頼を生むことにつながる。「教師に言っても何にもしてくれない……」は，許されないことだ。

　このようなことをどの子にも平等にしていくことで，子どもたちは先生に大切にされていると思い，お互いを認め合うようになっていく。そして，友だちを大切にする学級ができていく。

(3) 保護者との関係づくり

　ところで，学級は，子どもと教師だけでつくっていくものではない。保護者

第4章　小学校の実践①学級経営を基盤とした特別活動

も同じ方向を向き，三者が一つになってつくりあげていくものである。保護者との関係が良好なら，学級経営はほぼスムーズにいく。常日頃から，保護者が「この先生は，元気で楽しい。」「先生はうちの子のことを大事に思ってくれている。」「信頼できる。」と感じているかどうかである。

　そのために必要なことは，先生の明るさ・覇気，きめ細かさ，きびきびとした指導力である。なによりコミュニケーション力が求められる。学級の様子が保護者にも見えるようにしておくことで，保護者とのつながりができる。「顔を見て話す」ことを基本にして，連絡を密に取るように心がける，保護者を巻き込んだ学級経営が大事である。

　普段から，保護者と関係をもつために，「近くへ来たから寄ったよ。」と家庭訪問したり，順番を決めて一緒に下校したり……。とくに，下校時，同じ方向に帰る子どもたちと先生が一緒に帰るのは，子どもたちが大喜びし，楽しい時間を共有できる。どの子も嬉しくて生き生きとし，笑顔いっぱいになる。教室では見せない顔を見せる。道すがら，「この犬の名前な……」「うちのお母さんな……」とおしゃべりが弾み，笑い声が響く。とても楽しい時間である。子どもたちは，教師が一緒ということに優越感ももち，ますます自分のクラスが好きになる。また，こうした下校は，安全指導面でも有効である。

　連絡帳をこまめに見て，必要な箇所に返事やメモを書いて家に持って帰らせ，ときどき家の人に「見ました」のサインをしてもらってくるようにすることもいいだろう。ほめたことは，ときには連絡帳に書いて家の人に知らせる。家庭でも話題にしてもらうことで，家庭との信頼関係も高まる。ともすれば，良くないことや問題点ばかりを連絡しがちだが，良いことをいっぱい知らせることで，家庭の方も心をひらいて接してくれるようになる。

　子どもの成長には失敗はつきもので，けんかしたり失敗したりする中で，して良いことやいけないこと，友だちとのつきあい方を学ぶ。子どもが失敗したとき，子どもを受け入れ，愛情をもって指導し，保護者にも知らせて，ともに育てていくことが大事である。失敗しても人格を否定するのではなくて，したことに対して指導するように心がけることである。子どもは，「悪いときには

厳しく叱られる。一緒に悲しんでくれる，でも，嬉しいときにはほめてくれる。一緒に喜んでくれる」，そういう教師を待っている。

　保護者との関係づくりのためには，学級通信も重要である。定期的に出すことで保護者も楽しみに待つようになり，学校と家庭とのつながりがいっそう深まる。今学習していることやつまずきやすいところなども載せ，家の人にも子どもがしている勉強に関心をもってもらえるようにしている。私の場合は，「えらいなあ」というコーナーを設け，毎回一人ずつよいところを紹介し，学級の子どものことをなるべく多くの家の人にも知ってもらうようにしている。自分が取り上げられたとき，子どもは，本当に嬉しそうで，次は誰が紹介されるかと楽しみに待つようになる。読んだ後，家の人からたくさんの感想が寄せられたり，懇談会での話題にのぼったりして学級経営上からも大変意義深いものである。

　さらに，「先生の目」という1,000字程度のコーナーで，教師として，一人の人間として，一人の母親としての姿を出してきた。以下は，6年生を担任した際の「先生の目」からの一部抜粋である。

　　私は基本的にはほめることが大好きです。我が子もほめられたらやっぱり嬉しそうでしたし，なんか穏やかになります。しかし，ここというときには顔色を変えて真剣に叱ります。それが，いじめのようなことであったり人権無視であったり・・というときです。

　　2組の子ども達はほんとに素直でいい子です。真面目に取り組むこともできるし優しさも一番。協力もすばらしいです。「弱い立場の人がいたら先生は全力で守ります。」と口癖のように言っています。ちょっとオーバーに指導することも多いのですが，勉強だけでなく人としてのあり方も学んでくれる手助けとなれば，実のある六年生の生活となることでしょう。

　このように，担任の思いや考え，子どもたちの様子などを，親近感をこめて，親や子に話しかけるように書くことによって，子どもだけでなく，保護者とも信頼関係を築くことができる。

3　書くことによる学級経営

（1）日々の生活を書く

　私の場合は，毎日の給食の後や終わりの会で，一日の生活を振り返り，心に残ったことを200字程度で書かせる時間をとっていた。これを「作文A」と呼んで，各自のファイルに綴じていく。ノートに書かせると，毎日読んで子どもに返却するのは無理だが，用紙なら余裕が出る。書く題材は，「発見！」「ひぇ〜」「ふしぎ！」「へぇ〜」「なるほど！」といった言葉から始めるときもあれば，共通体験したことに絞ることもある。友だちのよいところや感想を書いたり，自由に書きたいことを書かせたりすることもある。

　毎日集めた「作文A」から，その子らしさが出ていたり，友だちのよいところをみていたり，優しい心があったりするものなどを選んで，みんなに紹介する。なお，公表してほしくないものには，その旨を「作文A」に一言書かせておくようにする。教師が書き写し，コメントをそえて印刷し，みんなで読み合う。それを，「きらきら」と読んでいる。1枚に4人程度，1回に2枚ほど週に2回程度，紹介する。同じ子の作文ばかりにならないように配慮し，ときどきは，全員のものを掲載する。

　「きらきら」は，家に持ち帰って家族での楽しい話題にもなっているようだ。保護者は，「きらきら」を通して学級の子どものいろいろな面を知ることで，参観日に学校に来たとき，「あの子が『きらきら』で楽しいことを書いていた子やなあ。」などと子どもたちを見る目が温かくなり，みんなで学級を育ててもらえるようになる。

（2）教師に手紙を書く

　子どもには，ときどき，教師に手紙を書いてもらう。書きやすいように，はじめの部分は教師が書いておくようにする。冒頭には，たとえば，「今日は，先生にこの手紙を通して何でも話してください。今悩んでいることや…（中

略)…誰にも言いませんから安心して書いてください。」などと書いておく。誰にも公表しない約束で，今の悩みや思いを先生に伝えることを目的に書かせる。友だちのこと・体のこと・塾のこと・親のことなどいろいろ出てくる。教師への励ましや学級全体にかかわるものもある。気になるものには，個人的に返事を出したり，話を聞く機会を設けたりする。これは，先生と子どもとの間の信頼関係が土台となるが，一人ひとりが大変よく見える取組である。

(3) 学級の歴史を書く

　学級集団を作っていくために，子どもたちで学級の歴史を書いていくのもよい。その学級だけの出来事を毎日交替で日直が小さなカードに書き，年表にして教室の壁面に掲示していく。たとえば，次のようなカードが連なっていく。

　　5/20　ドッジボール大会で負けた。みんな大泣き！
　　6/23　掃除がすごく早くきれいにできた。ほめられた。ああ，うれし！
　　9/26　朝から教室で暴れていて先生の雷が落ちた。シーン。

　たんに出来事だけではなく，クラスの人間模様が書けてくるとおもしろい。こうしてかき集めたカードを，ときどきは学級で振り返り，思い出しては笑ったり懐かしんだりして，楽しいひとときをもつ。こうして学級物語ができていく。これを，1年の最後の学習発表会で，一人一つずつ読み上げていくこともよいだろう。

4　楽しみをもたらす特別活動

　子どもが，夢や希望，目標をもつことは，生き生きと活動し，学校へ来る楽しみ，友だちと協力する楽しさを学ぶ上で大変有効である。高学年になると時間的余裕があまりないが，高学年ほど，心を一つにして，みんなですることに意義がある。何をするかは，自分たちで話し合って決めたり，先生から投げかけたりと，さまざまである。みんなですることによって学級が一つになり，学

校生活に楽しみをもたらす特別活動の例を，いくつか紹介する。

(1) お誕生会

　毎月お誕生会をするのは，子どもたちがとても楽しみにする学級活動である。司会も輪番。教室の飾りつけをしたり，プレゼントのレイを首にかけたり，みんなからのお誕生日カードを渡したり……。また，小さい頃の話を聞いたり，ゲームをしたりして，誕生を祝う。一人ひとりが主人公になり，みんなに注目される喜びがあるようで，6年生でもとても喜ぶ取組である。

　他にも，ゲーム大会や学級名人会，学級オリンピック，学級クラブなど，子どもたちと一緒に考えて，学級で楽しいことをしたいものだ。

(2) 合唱

　ある5年生クラスの10月頃のことである。担任から子どもたちに，「全校集会に出てみよう」と働きかけをしたことがある。全員で同じ目標をもって取り組むことは，クラスづくりに大変有意義だと考えたからである。この学校では，全校集会は，希望する学級が自由な演目を発表する場である。「恥ずかしい」とか「やりたくない」という子も，少しいた。しかし，学級会では，「出るからには全員するほうがいい。」という意見が多く，結局やってみることになった。ここに至るまでの話し合いは，学級にとっては大変意義深いことである。

　内容についても希望はいろいろあったが，「恥ずかしい。」という子たちのことも配慮して，合唱ということになった。話し合いを重ねるごとに，子どもたちのやる気が高まっていく。「ああしよう，こうしよう。」「それはぼくがするわ。」「いつ練習しよう。」など，はじめは一部の積極的な子どもがリードしているが，だんだんみんなのものになっていく様子がよくみえてくる。

　そのうち，ちょうど福祉の勉強をしていたこともあり，ただ合唱というのではなく，手話を取り入れた合唱をすることになった。子どもたちが積極的に動いてゲストティーチャーを招くために交渉し，地域から手話をよく知っておられる方を学級に招いて指導していただいた。集会に出る1カ月前くらいからは，

みんな夢中で，朝教室に行くとみんなで練習していることもしばしばになった。

そして，本番ではあいさつから合唱まで自分たちでやり遂げ，全校生の前で拍手をいっぱいもらった。このことは，「みんなは一つ」の意識を強め，またみんなで何かしてみたいという意欲をますます高めていった。達成感が心地よく，忘れられなかったようだ。

（3）演劇

この学年が6年生になってからは，どの子もやってみたくてたまらない様子で，今度は一人ひとりに役がある劇をすることになった。書きたい子が協力して「桃太郎の魔女退治」という脚本を作り，話の結びでは，「いじわるな魔女も一人ぼっちで友だちがいなくてさびしかったのだろう。みんな誘い合って声かけようね。」と全校児童に呼びかけるように考えていた。子どもたちは，早朝・休み時間・放課後と，お互いにうまく調整して練習していた。本番では20分程度の劇を大成功させた。

昨今は，進学にともなう塾や家庭の風潮もあり，精神的に孤立してしまったり，学級活動に非協力的になってしまったりする子も少なくない。このクラスでも10人ほどの子が受験を考えていた。しかし，競争的な雰囲気はまったくなく，かえって，受験する子どもたちがリードしてやっているくらいだった。やはり，それまでの友だち同士の支え合いやクラスの雰囲気が与える影響も大きいと思われる。また，保護者の方も協力的な励ましをくださり，親も子も先生も一緒になって成し遂げた感がある。劇の発表が終わってから子どもたちが書いた一言感想の中に，次のようなものがある。

　　みんなの気持ちが一つになった劇はみんなの心を動かしたようです。

こんなふうに思える子どもに育っていることは，担任にとってはなにより嬉しいことだ。ここには，子どもを認めて賞賛する，教師の魔法の言葉が働いている。

5 「あしあと」を残す

　自分が何かに向かい，努力している姿勢やその過程，そして，できあがったときの成就感は，何ものにもかえがたいものだ。そこで，私は，学習・生活両面から，子どもがいろいろなことに挑戦することを促し，それを「あしあと」として冊子にして残した。今，考えていることをしっかり記録しておくことは，自分が成長してきたことの確かなあしあとを残すことになる。なにより，達成感や自尊感情が高まる。そして，いつかその記録を振り返り，今の自分と比べてみるのもいいだろう。自分が歩んできた道を振り返り，これからの生き方を考えることは，とても大切である。

　次の一覧は，2年間で「あしあと」として残したものだ。単発的なものから長期にわたって取り組むものなど，さまざまである。

　あしあと①5年生の思い出アルバム（1年間）
　あしあと②スピーチしよう
　あしあと③パネルディスカッションに挑戦（「大造じいさんとガン」）
　あしあと④テレビ番組制作
　あしあと⑤詩の群読会
　あしあと⑥考えよう（「しばてん」：奈良県人権教育テキスト『仲間』より）
　あしあと⑦インタビューをしよう
　あしあと⑧2学期の思い出集
　あしあと⑨6年生の思い出アルバム（1年間）
　あしあと⑩修学旅行記
　あしあと⑪親子短歌集
　あしあと⑫宮沢賢治大研究
　あしあと⑬学級紹介・卒業まであと40日
　あしあと⑭小学校記
　あしあと⑮卒業・それから

これらの「あしあと」の中から，特別活動に関連し，学級経営上，また，心の教育上，効果があったものをいくつか紹介する。

（1）あしあと①5年生の思い出アルバム

これは，1年間通して思い出を綴っていくものである。クラス替え後の自己紹介の写真やめあてから始まり，行事や記念になるようなことがあったら，それを絵や文章で書き留め，貼り合わせて1冊の本のようにする。機会あるごとに写真を撮っておくのも効果的だ。

また，学期の終わりには，「あなたのこんなところがよかったなあ」や「友だちの目」と題して，友だちから一言ずつ書いてもらう。これは，友だちのよいところを見る目も育ち，書かれた方も，認められた喜びが実感できて，自尊感情も高まる。

（2）あしあと⑤詩の群読会

「授業参観で家の人に聞いてもらおう」というねらいで，群読会を行う。一人ひとりの練習はもちろん，友だち同士，グループごと，学級全員でと，詩を読み合う声が教室中に響き，活気に満ちている。本番では，子どもは，保護者の前で自分の力を思い切り出す。母親の中には，感激のあまり泣き出す人もいるくらいだ。38人の声が一つになったすばらしさを，どの子も肌で感じている。その取組の経過や群読会でのめあて，振り返り，写真等を取り込み，最後に家の人の感想をもらって綴っておく。

（3）あしあと⑩修学旅行記

6年生の6月には，広島への修学旅行を実施した。この体験を書き残しておくことは大変意義深いことであると考え，旅行記作成を計画的に進めた。

まず，事前学習として，4月中頃から，戦争についての調べ学習を始める。また，『夏服の少女たち』，『まっ黒なおべんとう』『ホタルかがやく』といった本の読み聞かせや，『飛べ！千羽づる』や『はだしのゲン』のビデオ視聴，国

語での『石うすの歌』の学習について，時間を工夫しながらプリント学習を行う。これが旅行記の前半部分となる。旅行に行くまでの1カ月半は，このことに一生懸命取り組む。

後半部分は，まさしく旅行中のことで，6月・7月にわたってじっくりと仕上げる。絵や写真，しおり等を取り入れながら思い出を綴る。

最後に，表紙をつけて完成。この「あしあと」は，どんなに少ない子でも30ページに及び，どの子も皆，達成感と満足感でいっぱいになる。

（4）あしあと⑭小学校記

卒業を機に，6年間の小学校生活を振り返り，思い出せる範囲で書き記していく。また，卒業まで残すところ2週間という日から，毎日その日のことを簡単に書いていくようにした。家の人から卒業に向けていただいたたくさんのお便りもコピーして，ページの中に入れるようにする。

そして，卒業式の前日に，最後の学級通信を貼って小学校記を仕上げる。この最後の学級通信では，「全員集合」と題して一人ひとりの思い出を紹介し，6枚にも及んだ。教師と一緒に写した写真も入れた。卒業したくない，みんなと別れたくない……でも，明日は卒業式。みんなの心が確かに動いているときだ。

そのときにしか味わえないことは，素直な心で受けとめ，感動できたらすばらしい。子どもたちは，自分の小学校記に思い出だけでなく，目には見えない心もいっぱいつめてページを閉じる。

最後には，お世話になった家の人に手紙を書いて封をし，小学校記にはさむ。そして，卒業式の日，家の人に渡される。

6年生ともなると，はにかみや照れから，自分の思いを素直に言えないということがある。しかし，こうした節目節目での感謝の気持ちは，忘れずに伝える機会を大事にしたい。

最後に，教師の役割は，①心の教育の充実　②集団の育成　③学び方を学ば

せることだと私は考えている。そのためには，教師自身の学ぶ謙虚さ，周りへの気配り，プロ意識，話しやすい雰囲気……，そんなものが求められるように思う。そして，なにより，先生は筆まめでなければならない。

　〈もっと読んでみよう〉

　　杉江雅彦　2011　『論語に学ぶ教師力』萌書房
　　　　⇨「徳は孤ならず　必ず隣有り」など，今の子どもにも教師にも響く孔子の言葉が集めてある。
　　山口創　2004　『子供の「脳」は肌にある』光文社新書
　　　　⇨「思いやりを育てるスキンシップ」など，学級懇談会にも使えるおすすめの本。

〈考えてみよう〉
- 休み時間に，いつも教室で，一人で過ごしている子どもがいます。一人でいる本人や他の子どもたちに，どう働きかけますか。
- 「子どもが『学校へ行きたくない。』と言っています。」と，母親から電話がありました。こんなとき，どうしますか。
- 学年はじめに学級の目標を決めます。みんなの意見を聞くために，どのようにして決めますか。

第4章　小学校の実践①学級経営を基盤とした特別活動

第4章のポイント

　この章では，子どもの「情」を育てることを大切にした，きめ細かく心のこもった実践が描かれている。発達段階の初期にあたる小学校ではとりわけ，子どもの人間に対する信頼感や愛情を育てることが重要である。「情」を育てる前提として，植島は，担任はつねに子どもたちの味方であること，人を傷つけてはいけないこと，どの子どもも賞賛すべきよいところをもっていることを，しっかりと子どもに伝えようとしている。

　また，固定的で排他的なグループをつくることを禁止している点は，植島の目指す集団を明確に示している。自分も他者も尊重すべき大切な存在であることを踏まえた上で，どのように共存していけるのかを，学校生活のさまざまな場面で気付かせ，考えさせ，体験させることが，植島実践の醍醐味である。

　植島にとって，学級活動や学校行事といった特別活動は，子どもの「情」を育て，ともに思いやれる人間関係を形成するための重要な契機である。植島はまず，子どものよさを率先してみんなの前でほめる。そして，他者のよさを認める視点を子どもに広めていこうとする。グループでの「ほめほめ大会」は，友だちを認め，自分も受け入れられていることを実感して，集団の一員であることの喜びを共有する仕掛けである。

　「先生は筆まめでなければならない」というように，日常生活のさまざまな局面を書き，書かせることは，植島実践の特徴である。書き記すことによってコミュニケーションをはかり，子どもやクラスの成長を励まし，達成した学びの跡を残していく。植島は，何気ない日常のひとこまにもこまやかな目を注いで書き留める習慣をつけることによって，子どもの信頼感や自信を育てている。

　そうした日常的な信頼関係があってこそ，集会での「桃太郎の魔女退治」の上演のような，子どもたちによる大きな創造が可能になる。「出るからには全員でするほうがいい。」という子どもの協働や，「それはぼくがするわ。」といった自発性は，そうした中で生まれてくる。豊かな特別活動は，確かな学級経営の上に成り立つ。同時に，特別活動を通して，より人間的な学級経営が可能になるといえよう。

　植島は，教師の役割として，心の教育の充実，集団の育成，学び方を学ばせることを挙げている。子どもたちがお互いのかけがえのなさを実感し，集団の中で生きる経験を積む。教師のこまやかな眼差しや配慮の中で，やがて子どもたちは自ら考え，行動することを学んでいく。そのような教師であるためには，教師自身が他者に開かれ，謙虚に学び続ける存在であるべきことを，植島実践は伝えている。

(渋谷真樹)

第5章
小学校の実践②子ども主体の学級経営

中澤静男

> 本章では，小学校の担任が行う学級経営を支える学級指導について，具体的事例をあげながら考察を加え，効果的な学級指導や配慮すべき点などを明らかにしていく。
> 小学校生活の中心はと問いかけると，授業，給食，休み時間と，人それぞれの回答がある。しかし，同じ質問を現役の小学校教師にすると，たぶん全員が同じ回答をするだろう。小学校教師が考える学校生活の中心は，学級経営である。学級経営とは何かというと，小学生の立場からすると毎日の学級での何気ない日常ということになる。小学生が何気なく，つまり当たり前のように学校での日々を過ごすことができるように，教師は見えないところで，努力と工夫を重ねている。ここで紹介する学級経営上の努力や工夫を参考に，アイデアを広げ，自分なりの学級経営をつくりあげていっていただければと期待する。

1　楽しい学級経営のために

　学級経営は，主に特別活動の学級活動に位置付けられる。意義のある学級活動が展開されるように，学級担任が見通しをもって計画し学級指導を行う。学級経営が上手な教師の学級では，子どもたちが自主的に活動し，互いに支え合って楽しく豊かな学級をつくっている。一見すると，そこには担任の指導が存在しない，なくてもかまわないように見える。しかし，一人ひとりの子どもたちの活動の土台のところで，担任の学級指導が確実に機能しているからこそ，子どもの学級活動がうまく展開しているといっても過言ではない。学級経営がうまくいっていないのに授業がうまくいくはずはない。学級経営がうまくいっ

ていないのに、児童の笑い声が教室に響くことはない。学級経営がうまくいかないと、学級崩壊に陥ることもある。学級経営こそは、学校生活における中心的な要素である。学級担任は学級経営を支える個々の学級指導について十分に考え、それらを関連付けて効果的な学級経営を行っていくことが重要である。

小学校学習指導要領特別活動の学級活動の目標は次の通りである。

> 【学級活動】
> 「学級活動を通して、望ましい人間関係を形成し、集団の一員として学級や学校におけるよりよい生活づくりに参画し、諸問題を解決しようとする自主的、実践的な態度や健全な生活態度を育てる。」

学級活動は、学びの構えや積極性、協力的な態度などを学ぶ、人格形成にとっても非常に重要な教育活動である。ところが各教科と違い、学級活動には教科書がない。教科書がないというのは、頼りにするスタンダードがないということであり、担任の学級経営能力がダイレクトに子どもの学級活動の質を左右するということである。しかも学級経営は、担任になると決まったその日から始めなければならないものである。子どもと出会ったその日から考えるのでは遅い。どんな学級をつくっていくか（もちろんつくるのは教師だけでなく、子どもと一緒につくる）、そのためにどんな手を、どの時期に打っていくかを考えておくことが大切である。子どもと出会ったその日に、どんな態度で、どんな話をするか、すでに学級経営はスタートしている。しかし、ベテラン教師ならいざ知らず、若手教師・新任教師にはなかなか自らの学級経営についての見通しが持てないというのも本当のところであろう。

ここでは私が試行錯誤を繰り返し、何年もかかって確立した学級経営の「技」を3つ紹介したい。一つ目が幸せのビー玉、二つ目に給食おみくじシステム、三つ目が会社制度である。これらは私が独自に開発したというよりも、先輩教師から教えてもらったり、研修会で耳にしたり、参考図書からヒントを得たりしたものを、目の前の子どもにあわせて改良したり、つなぎ合わせたり

したものである。これまでにも多くの小学校教師に紹介しており，それぞれ自分の学級の子どもたちにあわせて改良を加えて実践されており，成果もあがっている。前向きで元気のある学級集団をつくってみたいという方は，ぜひ参考にしてもらいたい。

2 幸せのビー玉

（1）良い行いや価値観を学級内に広げる「幸せのビー玉」

　居心地のいい学級とそうでない学級がある。居心地のいい学級では，子どもが安心して学校生活を送っており，授業中の態度も落ち着いている。また，何にでも前向きに挑戦しようとする積極性がある。居心地のいい学級では，子どもだけでなく，もちろん教師も居心地がいい。このような学級集団をぜひつくっていきたいものである。しかし，居心地のいい学級集団は，誰にでも簡単につくれるものではない。子どもたちは，いくつかの学級から分かれて一つの学級に編成されてきており，クラス替え当初はあまり人間関係ができていないのが普通である。そのような集団に効果的な学級指導を施すことなしに，「そのうちに仲良くなる」「いずれよくなる」と，根拠のない自信のもとに放置していては，目指す学級に近づいていくはずはない。適切な学級指導があり，その成果として学級集団が形成されていく。また，小規模校ではクラス替えもなく，数年間にわたり同じメンバーで学級が構成されていることから，人間関係が固定化してしまっている場合がある。それまでに発生したいじめなどの友だち関係の歪みをひきずっている場合もある。このような場合も，教師が効果的な学級指導を行うことで，お互いの違った面に目が行くようになり，新しい人間関係がつくられ，学級集団の活性化が可能となる。

　効果的な学級指導にはいろいろある。先輩教師からアドバイスしてもらったり，自主的に研修会に参加したりして，自分らしい，しかも効果的な学級指導について，実践を通して試行錯誤を繰り返し，たどり着いたのが「幸せのビー玉」作戦である。「幸せのビー玉」を使うと，どんな学級もどんどん良くなっ

ていく。学級集団では、悪口やいじめなどの問題行動も広がっていくが、良い行いや良い価値観も広がっていく。子どもにとって望ましい価値観や行動、習慣などを学級内に広げ、定着していくのが「幸せのビー玉」作戦である。

(2) 幸せボトルにビー玉がたまっていく

「幸せのビー玉」作戦に必要な物は、500ミリリットルのペットボトル1本と文房具屋や玩具店で手に入るビー玉200個だけである。ペットボトルには「幸せボトル」とマジックで書いておくと、なおよい。たったこれだけの準備物で学級がどんどん良くなっていくから不思議である。

元気な子どもが集まっている教室では、毎日なにがしかのいざこざが発生する。休み時間のドッジボールに入れてくれなかったとか、顔を見て笑われた、悪口を言われた、掃除をさぼった、廊下を走ったなどなど。よく帰りの会のときに、嫌だったこと、困ったことを出し合い、謝らせるというセレモニーが展開されたりしている。その日に発生した問題を持ち帰らせないという意味でされているのは理解できるが、問題は発生した場で解決するのが基本であり、下校時にマイナスイメージが残るセレモニーは絶対にすべきではない。

日直:「今日、何か困ったこと、嫌だったことはありますか。」
A子:「B君が、休み時間にドッジボールに入れてくれなかったので嫌でした。謝ってください。」
日直:「B君、本当ですか。本当ならA子さんに謝ってください。」
B君:「はい。ごめんなさいー。」

一見、いざこざは終了したように見えるが、皆の前で一方的に謝らされたB君には不満が残り、それがまた違った形の嫌がらせになったりする。

帰りの会では、「今日、一日楽しかった。」「明日も学校に来て、みんなと仲良く遊んだり学んだりしたい。」というプラスイメージが残るようにすべきであり、そのプラスイメージを創り出すのが「幸せのビー玉」である。

私は帰りの会に「今日のうれしかったこと」を報告する場面を設定していた。

日直:「今日、何かうれしかったことがあった人は発表してください。」

第 5 章　小学校の実践②子ども主体の学級経営

　　A子：「教室の後ろにティッシュが落ちていたんですけど，B君が拾ってゴ
　　　　　ミ箱に捨ててくれました。」
　　日直：「それはB君，いいことしました。ビー玉1個です。」
と言って，日直は幸せのビー玉の一つを幸せボトルに入れる。帰りの会で誰か
がうれしかったことを発表するたびに，ビー玉が入れられていく。
　　C子：「今日，運動場でころんで膝から血が出たとき，D君が膝を水で洗っ
　　　　　て保健室に連れて行ってくれました。」
　　日直：「それはすごいですね。ビー玉3個でどうですか。」
すごくいいことをしたときはビー玉の数を増やすことを日直が提案する。こ
うして幸せボトルに幸せのビー玉がたまっていく。誰かがいいことをするたび
にどんどんたまっていく。そしてボトルの上までビー玉がいっぱいになり，つ
いにあふれたとき，
　「幸せがあふれました。だから幸せパーティーをしましょう。」
と，教師が幸せパーティーの企画開始を宣言するのである。

（3）幸せパーティー

　よく小学校では，学期の終わりに「お楽しみ会」というものをしている。学
級全員で一学期間がんばったから，そのご褒美として「お楽しみ会」ができる
というのが本来の姿なのかもしれないが，何か教師からの「おまけ」のような
イメージがある。みんなでいいことを頑張って，その結果として「お楽しみ
会」をするということを一人ひとりがはっきりと自覚していることが重要であ
る。
　幸せパーティーは自分たちで獲得したパーティーであるため，企画・準備・
運営，全ての場面で子どもが主体的に動く。パーティーと言っても内容は，フ
ルーツバスケットやハンカチ落としなどの定番の集団ゲームなのだが，子ども
の参加意欲がまるで違い，楽しさも倍増するようだ。朝の会や帰りの会を使っ
て話し合い，パーティーの内容や役割を決め，準備し始める。司会者がいたり
始めのあいさつがあったりと，なかなか本格的である。だいたい次のような係

が決められていた。①司会，②始めのあいさつ，③ゲームの説明係，④教室の飾り（作成と飾り付け），⑤案内状係，⑥終わりのあいさつ等。

司会者もあいさつ担当者もゲームの説明係も，原稿を作成して暗記している。案内状係というのは，お世話になっている保健室の先生や事務の先生，校長先生，そして担任の私などをご招待する係である。全員に役割があり，全員で幸せパーティーを盛り上げようという気分がうれしい。

幸せパーティーは特別活動の授業時間数から２時間を設定する。終わりのあいさつでは，児童の代表が次も幸せパーティーができるよう，みんなで頑張ろうとしめくくる。

パーティーが終了すると，リセットされた幸せボトルにビー玉をためる日々が始まる。どれくらいビー玉がたまっているのかがよくわかるように，幸せボトルは誰からも見える位置に置いている。ビー玉があふれるまであと少しとなると，学級内での助け合いが勢いづく。始めは何をしたらよいのかわからなかった子どもも，友だちの行動を見て学ぶ。教師が指導するのではなく，児童相互の学び合いである。給食時間中に牛乳がこぼれたときに，Ｅさんがサッと雑巾を取りに行って，パニック状態になっている友だちに優しい声をかけながら拭いてくれた。すると次に誰かが牛乳をこぼしたときには，何人もの子どもがサッと立ち上がって雑巾を取りに走るようになる。この瞬発力がとても大切だ。何かをしなければと思っても，すぐに動けなくてタイミングを逃してしまうことは，大人でもよくある。

始めはビー玉をためるためにしていた行動が，だんだんと習慣化していく。１学期には１回しかできなかった幸せパーティーが，２学期には２回，３学期には３回できるようになる。子どもが互いに思いやりの心で接するようになり，失敗をしても必ず友だちがカバーしてくれる，困っていたら助けてくれるという安心感が学級全体に行き渡り，教室が誰にとっても居心地のいい空間になる。失敗しても大丈夫だという安心感が，いろいろなことに挑戦しようとするチャレンジ精神を養い，前向きな学級集団がつくられていく。これが「幸せのビー玉」作戦である。

（4）子どもどうしの学び合いの活性化

　私は特別活動としての「幸せのビー玉」作戦とリンクさせる形で，教科指導において，話し合いや見学のときなどに相互評価を取り入れていた。隣の席の子どもをペアにし，互いの授業中の態度でよかったことを「プレゼントカード」に書いて渡すのである。ペアの友だちに書いた後は，他の友だちにも書いていいことにしていた。

「〇〇さんは，ノートをきれいな文字で書いていて，すごいと思いましたよ。」
「〇〇さんは，理由もつけて発表していたのでわかりやすかったよ。」
「〇〇さんは，メモを取りながら発表を聞いていて，真似しようと思いました。」

　など，その時間中に気付いた学び方のよさをメモ程度に書いて渡す。これには2つのねらいがあった。一つはよい学び方を学級全体に広げていくことである。友だちのよい学び方に気付くことができた子どもは，次はそれを自分もするようになる。こうしてよい学び方が広がっていく。二つ目にあたたかい人間関係の構築である。プレゼントカードによさを書いてもらって「はい，プレゼント」と渡されると，どの子も笑顔になる。笑顔を見た子どもはまた書こうとする。こうしてプレゼントカードの輪が広がっていく。この相互評価・プレゼントカードと「幸せのビー玉」作戦をつなげて実施することで，相乗効果がうまれる。

　この「幸せのビー玉」作戦とプレゼントカードの共通点は，子どもどうしの学び合いの活性化である。1930年代のロシアの児童学者ヴィゴツキー（Vygotsky, L. S.）に最近接発達領域という考え方がある。ヴィゴツキーによると，子どもには次に伸びようとしている部分（最近接発達領域）があり，その部分が刺激されることで，それまでできなかったことができるようになる。一般には学年進行に応じて，学習内容が準備され，発達段階に応じた教育が施されるのであるが，それと同じように個人レベルでも，すでに準備された部分（最近接発達領域）を刺激することが，個に応じた指導となるのである。そして最良の刺激とは，モデリングである。つまりやり方を間近で目にし，真似ることで，

できなかったことができるようになっていく。そのため，先生にやり方を指示されることよりも，友だちがやっているのを間近に見ることの方が，子どもにとって効果がある。プレゼントカードは，学び方に関して子どもどうしの学び合いを促進する方法であり，「幸せのビー玉」作戦は，規範意識に関する学び合いを促進する方法である。この2つの方法をつなげることで，友だちから学ぶ機会が増え，互いのよさを認め合う集団作りができる。

　2つの学び合いにより，生活全般における互いのよさを積極的に見つけ，素直に認め合うとともに，良い行動は真似をし，失敗はカバーしようという，前向きで温かい学級集団ができあがっていく。ぜひ，取り組んでいただき，すぐれた学級経営の柱にしていただきたい。

3　給食おみくじシステム

(1) コミュニケーション力の育成のために

　1970年代の中頃までは，路地や広場で遊ぶ子どもたちの姿が当たり前のように見られたが，現代では習い事や塾，各種スポーツクラブに子どもが取り込まれてしまうとともに，ゲーム機が普及したことで，外で遊ぶ子どもの姿はほとんど見られなくなってしまっている。この子ども社会の崩壊とともに，子どものコミュニケーション力の低下が問題視されるようになり，コミュニケーション力の育成が学校に期待されるようになってきた。このコミュニケーション力の育成に大きな力を発揮するのが給食おみくじシステムである。

　学校生活で子どもたちが好きなものに席替えと給食時間がある。給食おみくじシステムとは，この2つをドッキングさせ，給食時間に毎日席替えをする仕組みである。給食時間に席替えをすることで，毎日違った友だちと会食を楽しみながら，コミュニケーション力の向上を図ることができる。普通，席替えは視力の問題があり，また机を移動するのも大変なので，1カ月に1回程度しかできない。しかし，給食を食べる場所だけなら視力の問題は関係ない。また，とくに机を大移動させる必要もなく，その日の席に，ランチョンマットを持っ

第5章　小学校の実践②子ども主体の学級経営

て座るだけで席替えが完了する。

（2）簡単な準備
　準備物は，おみくじを入れる空き缶1個と割り箸を数膳，そして全員の机に貼る3センチ四方の画用紙である。まず，おみくじ用の空き缶を準備する。普通のコーヒーやジュースの空き缶で十分である。次に割り箸を半分の長さに切る。つまり割り箸1膳から4本の棒が取れる。これがおみくじになる。そして画用紙を切って，子どもの人数プラス1枚の3センチ四方程度のカードを用意し，このカードと先ほどのおみくじに0番から順番に数字を書いていく。数字を記入したおみくじをおみくじ用空き缶に入れ，カードの方は子どもの机の右隅にセロテープでしっかり貼らせる。これで準備は終了である。
　給食時には4人グループで食べるように机を合わせるので，一つ目のグループには1番から4番までのカードが貼られており，次のグループには5番から8番まで，その次は9番から12番という形になる。0番のカードは，教師のデスクに貼る。

（3）誰とでも打ち解けあえる構えを育てる
　朝，教室にやってきた子どもたちは，それぞれの思いを込めて「給食おみくじシステム」と大書きされた空き缶を振り，1本のくじを引く。引き当てた番号は誰にも言わず，給食時間まで自分の机の中に保管しておく。そして4時間目の授業が終了すると，そのくじとランチョンマットを持って，その番号カードが貼ってある席に座る。それだけである。しかし，そのときになってはじめて本日の会食メンバーが判明するため，
「うわー，女の中に俺ひとりや。」
と叫ぶ男の子が出たり，その反対に男の子に囲まれてとまどう女の子がいたり，今までほとんどしゃべったことがない子と隣り合わせになって困った顔をしていたりと，いろいろなハプニングが発生する。これが毎日のことなので，始めは話がはずまずに困っているグループも，5分もすると共通の知り合いや遊び，

よく見ているテレビ番組などの話題が見つかり、会話ができるようになっていく。

このように誰とでも打ち解けあえるスキルや構えを育成することはとても意義がある。コミュニケーション力として、話し方や聞き方を指導することも大切だが、まず人と会話するのは楽しい、会話を楽しみたいという構えをつくることはもっと重要である。

もちろん教師も毎日くじを引き、子ども用の机に座り、グループの一員となって会食する。こういうときこそ子どもどうしのつながりや、家での過ごし方、本音を聞き出せるチャンスである。給食を食べているときには、教師と子どもが日頃の垣根を越えて交流することができる。グループの中に誕生日の子がいたりすると、牛乳で乾杯したりして、ちょっとした宴会気分だ。教師の方も、簡単な手品を用意してきたりして、場を盛り上げる。誰もが笑顔で、楽しく給食時間を過ごすことができる。そして給食時間中におみくじを入れる空き缶が回ってくると、今日引いたおみくじを缶の中に入れ、明日のくじ引きに備えるのである。

0番のくじを引き当てた子どもは、最初のうちは教師用の広いデスクで友だちを見渡しながら給食を食べることを楽しんでいるように見える。しかし、子どもはしだいに0番を引くのを嫌がるようになる。0番だと一人で食べなければならないからだ。そこで高学年にもなると、0番を引いた子もみんなと会食できるようにと、どこからか机を用意してきて0番のカードを貼って、教室の隅に置いておくようになる。ここまでくるとコミュニケーション力の向上はもちろん、学級の仲間づくりも大成功である。高学年では男女がお互いを意識して、なかなか話したり遊んだりできにくくなる傾向があるが、給食おみくじシステムは男女が仲良くなることにも効果がある。また友だちの固定化による小グループの発生も抑制できる。卒業アルバムに給食おみくじシステムが楽しかったという作文を載せる子がいたり、数年後の同窓会には「同窓会おみくじシステム」を作成してきて盛り上がったりする。「給食おみくじ」システムは、簡単なのに期待以上の効果がある。とくに前期思春期にあたる高学年を担当さ

れた場合は，導入を検討してみてはどうだろうか。

4　会社制度

(1) 係活動の代わりに

　どこの学級でも，各学期の始めに係を決める。図書係や保健係，配り係や連絡係など，日本全国定番の係活動があり，子どもの希望をもとに振り分けられていると思う。しかし，この定番の係活動には２つの問題点がある。

　一つ目の問題は人数である。どの学級でも係の数は８～10程度であろう。たとえば35人学級で係が８つあるとすると，一つの係に所属する子どもの数は，４～５人となる。保健係はどこの学級にもある係だが，保健係が５人いても，インフルエンザの流行期でもない限り，一度に５人も具合が悪くなることはない。すると一日何も活動がない子が出てきてしまう。もしかしたら一週間何も活動のない場合もあるだろう。これでは特別活動の学級活動の目標である「学級活動を通して…（中略）…集団の一員として学級や学校におけるよりよい生活づくりに参画し…（中略）…自主的，実践的な態度や健全な生活態度を育てる」ことができない。

　二つ目に意欲の問題である。保健係の定員５人に対して希望者が７人あったとき，ジャンケンなどで公平にメンバーを決めることになる。希望通り保健係になれた５人はよいが，保健係になれなかった２人は，なりたくない係に配属され，一学期間という長い期間，やりたくもない仕事をすることになる。これでは活動意欲も低下し，自主的な活動も期待できない。

　そこで係活動の代わりに取り入れたのが会社制度である。一見すると○○係という名称が，○○会社となっただけのように見えるがそうではない。係活動と会社制度には大きな違いがある。それは係活動には係の数がだいたい決まっているが，会社制度では数が決まっていないため，必要な会社をいくつでも起業することができること，また学期の始めだけでなく，いつでも会社は設立できるというところにある。

(2) 会社制度の3つの効果

　この会社制度には3つの効果がある。一つ目にアイデアの喚起，二つ目に少人数による効果，三つ目が複数所属の効果である。

①アイデアの喚起

　一つ目のアイデアの喚起についてである。学級のためになる仕事であれば，誰でも会社を設立できるといっても，子どもは係活動という既成概念にしばられているため，なかなかアイデアが浮かばないことが多い。とくに1学期の始めは，係活動と同じ名前の会社が設立される傾向にある。しかし，教師がこれまでに活躍した会社について紹介したり，子どもが日々の学級生活で不便を感じたりすることをきっかけに，アイデアが出るようになる。たとえば，「お手紙会社」という会社があった。学校を欠席する場合は，連絡帳に欠席理由を書いて学級担任に届けるというのが学校の決まりであり，学級担任はその連絡帳に，翌日の時間割や持ち物などを書いて返していた。このシステムだと，欠席者が1名のときは問題ないが，何かの都合で4人も5人も欠席者があった場合は，ずいぶん時間がかかってしまい，教師が子どもとかかわることができる時間的余裕がなくなってしまう。その様子に気づいたAさんが，欠席した人に時間割等の連絡を書くお手紙会社を設立してくれた。帰りの会で社員を募集し，すぐに3人の社員も集まった。お手紙会社は連絡帳に直接書くのではなく（連絡帳には個人情報などが記載されている場合も多くある），書き込み式の連絡カードを作成し，欠席者への連絡を書いてくれた。Aさんたちは，ただ連絡を書くだけでなく，イラストを付けたり，色をぬったり，友だちからのメッセージもつけたりするようになり，保護者からも大変喜ばれた。子どもの発想の方が，ずっと優れている場合がたくさんあるのである。

　また，「イベント会社」というのもあった。イベント会社は学級がまとまるようなイベントを考えて提案する会社である。牛乳キャップをみんなから集め，マジックで黒くぬってオセロを作成し「雨の日オセロ選手権大会」を開催したり，「果たし状」を作成して上級生の学級にドッジボールの試合を申し込んで，全員に参加を呼びかけたり（もちろん完敗）した。会社制度が定着するにつれ

第5章 小学校の実践②子ども主体の学級経営

て，まるで学級経営をするような視点で，子どもが会社づくりのアイデアを考えるようになっていく。

②少人数による効果

二つ目の少人数による効果についてだが，会社の人数は4人までとしていた。少人数の方が，一人ひとりが責任感を持って取り組めるためである。だから，一人でも立派な会社として機能することもある。実際に「給食当番スルーズ」という，毎日給食当番の手伝いをする会社を立ち上げたB君は，社員が集まらなかったため，その学期の間中，一人で毎日給食当番の手伝いをやり通した。給食に関しては，配膳台をきれいに拭くことを仕事にした会社もあった。また，「いただきます」の号令をかける会社，その日の献立を読み上げる会社など，それぞれ一人の会社があった。本来ならば，それらは日直の仕事なのかもしれないが，仕事を細かく分担し，一人ひとりに担当させることで，責任感の育成につながると考えたため，あえて一人の会社とした。人数については，例外をみとめた場合もある。6年生の1学期に会社の一つとして劇団が結成されたことがあった。4人の団員による劇団と4人のエキストラ会社が合同で劇をするという計画だったが，この時は2つの会社を合体し，劇団「旅の芸人」となった。「旅の芸人」はコメディー専門だが，きちんと台本を書いて練習し，毎月1回の公演をこなした。これが好評で，低学年の帰りの会に出演を依頼されたり，全校集会に出演したりするようになり，1年間続いた。会社の人数を何人ぐらいにするかという問題は，結局のところ主体的に取り組めることを主眼に考えることが重要ということである。一人でできる仕事はできるだけ一人に任せる。協力が必要な仕事には多人数で取り組ませる。なぜ，その人数が必要であるのかを子どもと一緒に考え，理解させることが大切である。

③複数所属の効果

三つ目の複数所属の効果についてである。係活動では，一人一係が普通だが，会社制度では一人でいくつ起業してもよいし，またいくつの会社に所属してもかまわない。やり始めた会社は必ず学期の終わりまで続けるという条件で，意欲があれば，やってみたい仕事をどんどんすればいい。

この複数の会社所属には，3つの意味がある。一つ目に活動意欲とアイデア，二つ目に視野の広がり，三つ目が友だちづくりである。
　一つ目の活動意欲とアイデアに関する意義である。自分がしたい仕事だから，活動意欲が向上する。また，たとえば本が好きな子が図書会社をしたいと思っても，すでに図書会社があった場合，図書第二会社をつくることを勧めていた。仕事の分担について話し合うことが，対立と合意，効率と公正などを体験的に学ぶ機会になるためである。どうしても調整がつかなかった場合は，チャンスである。子どもは何としても本にかかわる仕事がしたいため，必死に知恵をしぼり，アイデアをひねり出す。このとき，図書第二会社がひねり出したアイデアは，読み聞かせであった。短い絵本を覚えてきて，帰りの会に読み聞かせをしたのがきっかけで，この会社も低学年から出演依頼されるようになり，高学年としての自覚の育成にも効果があった。
　二つ目の視野の広がりについてである。どの子もたくさんの会社に所属し，学級内のさまざまな仕事を経験する。一つの学期が終了すると，原則として会社は解散し，新しい会社が設立される。そして私はいろいろな仕事をやってみることのよさを説明し，できるだけ以前の学期にしていなかった仕事をするよう促した。これによって，子どもは学級内の多種多様な仕事を経験することとなり，視野が広がることで，学級経営をする教師のような視点で，学級生活や仲間づくりについて考えることができるようになっていく。よく修学旅行のグループを決めたりするときに，「仲良しの友だちと一緒のグループになりたい」といった，わがままとわがままがぶつかりあうようなことがある。しかし，広い視野を持つ子どもが増えることで，公平・公正といった価値観が学級全体に共有されるようになり，利己的な幸せを追究する発想は影をひそめ，みんなで修学旅行をおもしろがるようになっていく。
　三つ目の友だちづくりである。複数の会社に所属することで，違ったメンバーで協力したり，話し合ったりする場面が多くなる。一緒に仕事をすることで，友だちの違った面が見えてきたり，自分のことを振り返ったりする機会になり，仲間づくりにも効果がある。黒板をきれいに消す会社や花瓶の水替えをする会

社，配りものをする会社や保健会社といった，どこの学級にでもある仕事をする会社もあるが，私はできるだけユニークな会社をつくるよう促した。1・2学期に新しい会社をつくりすぎた場合は，3学期が大変である。今までにないユニークな会社をつくっていくと，段々と難しい仕事をする会社が生まれてくる傾向が見られる。途中で絶対に投げ出さないという約束を果たさなければならないため，社員一丸となって取り組むという協力体制ができあがっていく場合が多い。「読書ガイド」という会社があった。この会社はいわゆる図書第三会社である。図書第一・第二会社と違う仕事でなければならない。そこで図書第三会社は頭をひねり，「読書ガイド」という会社を設立した。その仕事は毎週お勧めの本を紹介する新聞を発行するというものであった。始めの頃は，社員が今までに読んで面白かった本を紹介していたので，楽しそうに取り組んでいた。ところが，次第に読んだ本のストックがなくなってしまい，土曜日は弁当持参で図書館通いをするなど，社員一丸となって読書に取り組まざるを得なくなっていった。しかし，困難を乗り越えることで友だちの絆は強くなる。会社制度は友だちづくりに効果を発揮することもある。

　これまでにあったユニークな会社とその仕事を紹介する。

・株式会社ドッジボールやりまっせ
　すべての休み時間に運動場に早く出て，ドッジボールのコートをかいて準備する。
・お残しは通りません
　給食時にみんなにおかわりを勧め，必ず残飯をゼロにする。
・ラジオ体操おまかせ会社
　ラジオ体操を完璧に覚え，体育の準備体操を請け負う。
・いつでもあいさつ会社
　いつでもどこでも誰にでも元気にあいさつして，学級の気分を盛り上げる。
・お掃除会社
　放課後に担任と一緒に教室の掃き掃除をしたり，机の整頓をしたりする。
・友だちおさそい会社
　ドッジボールなど，運動場での遊びにみんなをさそい，友だちにする。

大切なことは，子どもの仕事が教師の仕事の下請けに終わらないことである。子どもが学級のために役に立つことを考え，粘り強く実行することが大切なのである。

(3) 教師の役割

　この会社制度における教師の役割は2つある。できるだけ，毎日仕事があり，人の前に立つ会社の設立をアドバイスすることと，成果が目に見えるようにすることである。

　毎日人前に立つ仕事は，その子の自信を育て，話し方を向上させる。しかし，その前提として学級全体に「思いやりのある聞き方」を指導しておくことが重要である。「思いやりのある聞き方」とは，①話し手の方に体を向け，②笑顔で，③うなずきながら聞く，という聞き方である。学年の始めには，これができるまで，何度でもやり直しをさせるなどして，聞き方のトレーニングをする。学級全体が「思いやりのある聞き方」ができるようになっていると，初めは自信がなく小さな声でしか話すことができなかった子が，聞いているみんなの笑顔に安心することで，だんだんとはっきりと話すことができるようになっていく。毎日の小さな成功体験が，子どもの自信を育てていくのである。

　二つ目の成果が見えるようにする方法として2つある。一つは，会社の看板を利用する方法であり，もう一つは学級通信を利用する方法である。

　会社ができると教室内に小さな看板を出し，会社名・仕事内容・メンバーを書く。誰がどんな仕事を頑張っているかひと目でわかるようにするためである。そして帰りの会終了後に，今日一日，仕事を頑張れたと自己申告してきた会社には小さなシールを渡し，会社の看板に貼らせる。シールの数が，自分たちの頑張りの成果となって見える。

　二つ目として子どもの仕事ぶりを認め，応援するために，学級通信などで保護者に紹介する。学級通信に書くと，「うちの子がそんなに頑張っているなんて，知らなかった」「〇〇ちゃん，すごいですね。家族みんなで応援してます」といった保護者からの反響がある。これを子どもに伝えたり，みんなの前で読

第5章　小学校の実践②子ども主体の学級経営

んだりすることは子どもの活動意欲の向上に非常に効果があり，継続的な活動を支えていく。

「幸せのビー玉」作戦，給食おみくじシステム，会社制度の3つは，私が実際に実践し，どの学年においても効果があったものである。しかし，それらは方法にすぎない。その方法を支えるもっと大切なものがある。それは楽しい学級をつくって，子どもを伸ばしていこうという教師の熱意である。楽しい学級は，教師だけではつくることはできない。教師と子どもと保護者，少なくともこの三者が同じ目標に向かって協力することが大切である。そのためには，子どもに担任の思いを語り，それを学級通信に書いて保護者に伝えたり，家庭訪問や学級懇談会の機会をとらえて伝えたりするという毎日の努力が大切である。

教師の熱意とちょっとしたアイデアで，学級はどんどんよくなっていく。学級経営とそれを支える個々の学級指導は，水面下にある水鳥の足のようなものである。

　　ただ見れば　何の苦もなき水鳥の　足に暇なきわが思いかな　　水戸光圀公

〈もっと読んでみよう〉

　門脇厚司　1999　『子どもの社会力』岩波書店
　　　⇨社会を作り，作った社会を運営しつつ，その社会を絶えず作り変えていくために必要な資質や能力を「社会力」と呼ぶ。この社会力の観点から，子どもの「生きる力」を評価することで，子どもの成長に必要な教育が見えてくるだろう。
　内山節　1996　『子どもたちの時間――山村から教育をみる（子どもと教育）』岩波書店
　　　⇨個人はその個人が保有しているさまざまな関係性の総体の中に成立し，存在している。この視点で現代の，そして自分が担当する教室の実態を見つめることで，「競争のための教育」から「共生のための教育」へと軌道修正ができるだろう。

第Ⅱ部　特別活動における教師のしごと

波多野誼余夫・稲垣佳世子　1989　『人はいかに学ぶか』中公新書
　　　⇨なぜグループ学習するのか，グループ学習の意義を知ってするのと知らずにするのでは，効果に大きな差が出るであろうし，工夫の仕方も変わってくる。子どもどうしの学び合いの意味，探究的な学習活動の意味を，子どもの成長の側面から捉え直す。

〈考えてみよう〉

・学級開きの初日，これから一緒に学級をつくっていく子どもたちに出会う。どんな話をすればいいのだろうか。何を考えさせればよいのだろうか。
・最初の学級懇談会で，保護者に学級経営で大切にしたいことを伝える必要がある。自分の学級で大切にしたいことを3点にしぼり，その理由を考えてみよう。
・高学年の学級で，女子が小さなグループをつくって対立している。どうすれば，学級を立て直すことができるだろうか。

第5章のポイント

　本書を刊行するにあたり，執筆者間で共通理解したことは，「子どもを取り巻く人との関係の質と量が変わってしまい，それが現在の学校教育におけるさまざまな問題の源なのではないか」ということである。特別活動においては，望ましい人間関係の形成と自主的，実践的な態度や健全な生活態度を育てることを目的としており，日々の活動というプロセスを通して，この問題に取り組み，子どもと教師がともに成長していくものであってほしい。本章に掲載した3つの実践は，いずれも子どもを取り巻く人との関係の質と量の改善を意図したものである。この問題提起に対する小学校での学級経営における対応策の一つとして参考にしていただきたい。

　幸せのビー玉は，「よりよい学級にしたい」という共通の目標に向かって協力的な関係を築くことができる。勉強やスポーツ，習い事など，多くの場面で競争させられている子どもにとって，競争ではなく協力することの大切さを体験を通して学ばせることは重要だ。また友だちの長所に気付き認め合う関係，失敗をフォローしあえる関係が，一人ひとりの成長を促すことに効果を発揮する。

　給食おみくじシステムは，毎日異なるグループで会食することにより，とくに子どもを取り巻く人との関係の量を飛躍的に増加させる。学級は，毎日の3分の1を生活する場である。その中でとくに給食時間は子どもにとって楽しみな時間であり，その楽しい雰囲気を共有することで，誰もが仲間になっていく。毎日の「楽しく会食できた」という小さな成功経験が，誰とでも心を開いてコミュニケーションしようとする意欲とスキルを向上させてくれる。

　会社制度は，異なる仲間との協働体験という意味で，子どもを取り巻く人との関係の質と量の双方に影響する。一人ひとりが学級のためにやるべきことを考え，協力する仲間を募り，やり遂げることで自己有用感や仲間意識を養い，それが人を動機づけたり，元気づけたりといった，良好な友だち関係を構築する契機となっていく。

　学校は閉じられた空間ではなく，社会の動きを映す鏡のようなものだ。人との関係の質と量の変化は，子どもの世界だけではないだろう。大人が感じる息苦しさは，子どもも同じである。教師自身が「指導する」のではなく，「一緒に考え，行動する」という構えで，毎日の学級を実のあるものにする努力を重ねることで，究極の学級を目指していただきたい。

（中澤静男）

コラム1　あたたかな学級を創るお笑い係

小　幡　　　肇

　2002年5月9日（奈良女子大学附属小学校2年星組）に，お笑いの得意な子どもを活かすために「お笑い係・ダジャレ係・ことわざ係」を設けた。

　翌10日には，H児「M先生（音楽非常勤講師）のマネ」，K児「コザックダンス」を披露した。13日，H児「お笑い用眼鏡をかけたおじさん」，K児「久本（雅美さん，タレント）のマネ」。14日，H児「フナキー（名字をもじって）と呼んで」。15日，H児「Aさん」，K児「O先生のまね」と続いた。

　以下は，H児の「Aさん」と題する小噺の内容である。

「Aさん（小噺）」

　Aさんは作文が嫌いです。それが，作文が学校の宿題で出ました。だからわざと忘れました。そして，先生が「明日持って来なさい」と，Aさんに言いました。帰ってお母さんに「作文書いていい？」って聞いたら，「あ・と・で・ね」と言いました。だから，作文に「あ・と・で・ね」と書きました。

　次は，お父さんに「作文って難しいの？」って聞いたら，「あたりまえじゃんかよ」と言ったので，作文に「あたりまえじゃんかよ」と書きました。

　次は，弟がアンパンマンを見ていたので，「アンパンマン」と書きました。

　次は，お姉ちゃんが本を読んでいました。その本の中にこんなシーンがあったので，こういう所を書きました。「もうお別れね。このシーンは二度とないんだわ。」そして，お兄ちゃんは彼女と電話をしていました。「後でバイクで行くぜい！」だから，「後でバイクで行くぜい！」と書きました。

　翌日，先生がAさんに「作文を見せなさい！」と言ったら，「あ・と・で・ね」と言いました。「先生をなめてんの！」って言いました。そしたらAさんは「あたりまえじゃんかよ！」と言いました。「先生を誰だと思ってるの！」と言ったら，「アンパンマン！」と言いました。

「この教室から出て行きなさい！」

「もうお別れね。このシーンは二度とないんだわ。」

コラム1　あたたかな学級を創るお笑い係

> 「後で職員室に来なさい！」
> 「後でバイクで行くぜい！」
> 　これで終わります。

　全部覚えて，軽妙に披露するH児。間の取り方もうまい。その場にいた子どもたちは，皆笑った。

　お笑い係が毎日家でネタを探し，朝の会で披露する努力は，他の子どもを変えていった。どの子どもも，元気調べの際の話にお笑い係やダジャレ係のような「ちょっとした話」をつけ加えたり，友だちの自由研究発表を聞いて自分が調べ加えたことを披露したりするようになった。

　この変化は，自分を発揮する学習生活を自分で創っていく上で重要な契機となった。また，自分を表出しにくい面があるために，友だちに心配されながらもお笑い係になったM児は，すぐにお笑いを発表することはできなかったが，「今日はお笑い係の用意をしていません」と述べることができるようになった。

　このように，お笑い係を通してあたたかな学級が創られていった。

第6章
小学校の実践③学級活動・児童会活動・学校行事のヒント

小幡　肇

> 　特別活動は，心身の調和のとれた発達と個性の伸張を図り，集団の一員としてよりよい生活や人間関係を築こうとする自主的，実践的な態度を育てる。
> 　本章では，そのような自主的，実践的な態度を育てる上において，特色ある教育活動を実践している奈良女子大学附属小学校（奈良女子高等師範学校として1911年に創設，以下，奈良女子大附小と表記）の事例に学ぶことによって，特別活動の活性化を図るヒントを得ることができることについて述べる。

1　奈良女子大学附属小学校の教育形態（奈良プラン）

　大正自由教育に影響を与えた木下竹次（二代目主事）は，「独自学習・相互学習・独自学習」という一連の学習過程を経る「自律的学習法」を提唱した。そして，木下は生活の全体性に立ち，生きた学習環境から学習材を求め，時間割を撤廃し，子どもの興味・生命を打ち込んで学習する「全我・全一的活動」といった「合科学習」を実施した。また，木下は学習を行う際にとるべき学習

➡1　奈良女子高等師範学校附属小学校学習研究会，1952，7頁

　　前身である奈良女子高等師範学校附属小学校二代目主事，木下は，質疑法によって中心問題を得る「学習の仕事」と，解疑法による「問題解決の生活順序」を基盤に疑と解を反復する間に学習を行う「学習の仕事」を重視した。質疑法は，疑問を整理し，取りあつかう問題を決定する。そして，研究の順序に沿って疑問を配列し，原因を探る研究をする。解疑法は，資料収集・調査・整理を行い，問題解決や解決延期を通して「相互学習」を行う。そして，論証考査・結果利用・結果記憶等を行う。

活動を「学習の仕事」とし,疑問を出発点・目的とした。

戦後,奈良女子大附小の教師たちは,民主主義思想や新教育の吟味を行い,木下の考えを受け継いで朝の会と帰りの会,談話会[2],自由研究,子ども赤十字を創設した(1945〜1947年)。1947年,重松鷹泰[3](四代目主事)が着任し,文部省からの指定を受けて総合教育計画の研究にあたり,「『しごと』[4]『けいこ』[5]『なかよし』」(奈良プラン・1948年開始)による教育を開始し,現在に至る[6]。

「しごと」は,子どもの関心の動向をとらえ適切な計画を立てる。そして,「生活の中で問題をとらえ,その解決を試みていく」こと,「はっきりとした目あてをもって,周囲の世界にはたらきかける」こと,「社会及び自然の事物事象を科学的に理解し,その合理的な処理のしかたを会得する」ことを含むものとして重松ら当時の教師により考案された。

奈良プラン創設時,松本武夫教諭は,「交通はどのように発達したか」という「しごと」を実施した。松本が実施した「しごと」は次のようなものだった。
・夏季休暇中の各家庭での旅行先を話し合う。そして旅行先の場所・コース・距離・費用・名産等に分かれて研究を行う分団(グループ)を構成し,データ収集・説明準備を整えさせ各分団の主題を明らかにした。
・各分団との話し合いによる指導を行いながら研究を進めた。

「けいこ」は,「しごと」をしていくために,「自分たちの生活に必要な各種の能力,社会が要求している各種の能力の中,特定のものは,それ自身として系統的に指導する方がよい」という理由で重松ら当時の教師により考案された。

➡ 2　奈良女子高等師範学校附属小学校学習研究会,1949,33-34頁
　　学校をよくすることをめざした子どもの会議である。
➡ 3　重松,1991
　　重松鷹泰は文部省において社会科の創設に尽力した。その後,1947年に奈良女子高等師範学校附属小学校主事として奈良プランの樹立に尽力した。
➡ 4　重松,1948
➡ 5　奈良女子高等師範学校附属小学校学習研究会,1949,32-33頁
➡ 6　奈良女子高等師範学校附属小学校学習研究会,1949,33-34頁

また，重松や当時の附小の教師たちは，「子どもたちをして，自分たちの生活の場を，自分たちの手で形成させる部面」が必要であると考えた。そして，『たしかな教育の方法』において，次のように述べた。

> 子どもたちの生活は，主として学級を単位として行われていますが，時にはそれをはなれて，全くの個人として，あるいは一つのグループとして，あるいは学校全体として，生活を楽しみ，生活を反省し，あるいは生活を開拓していくような場面が必要です。これは自分たちの属している社会（家庭・学級・学校・地域社会）をはっきりと意識し，また自己というものを，はっきりと確立していく上で，ぜひなくてはならない生活の部面です。

結果，1945〜1947年に実施していた子ども赤十字活動を「なかよしグループ」と「なかよし委員会」に改変し，「なかよし」は考案された。

今日，「しごと」「けいこ」「なかよし」は総合的な学習の時間・教科・特別活動に対比してとらえられやすいが，重松ら当時の教師や現在の教師は3つの生活の部面は一つの全体的生活として，互いに呼応しながら「しごと」を中心に総合されていくととらえ，実践を行っている。言い換えれば，自主的，実践的な態度を育てる上において，総合的な学習の時間・教科・特別活動・道徳等が子どもの学習生活を中心に総合されていくことが望まれると言えよう。

また，中野光は，木下の主張した「生活」について「訓育」と「教授」を主体的な学習において統一する概念であると指摘した。今日，奈良女子大附小の

➡7　奈良女子高等師範学校附属小学校学習研究会，1949，33頁
➡8　奈良女子高等師範学校附属小学校学習研究会，1949，33頁
➡9　奈良女子高等師範学校附属小学校学習研究会，1949，33-34頁
　　A部は，美化・図書等の直接奉仕面のグループ，B部は演出・文芸等の間接奉仕面のグループから成る。
➡10　木下は「学習即生活」「生活即学習」を主張した。
➡11　中野，1967

子どもは，朝の会や自由研究，「しごと」「けいこ」「なかよし」(「なかよしグループ」・集会・行事など)においてそのような「生活」に取り組んでいる。

このような背景のもとに私が行った「生活」を以下に紹介する。

2　学級活動（朝の会）で育てる発信力・傾聴力

表5-1　2010年度朝の会のプログラム

①挨拶と元気調べ
②・得意なピアノや自宅での製作物披露 　・自由研究や係の発表
③先生の話

朝の会のプログラム（表5-1）は学級ごとに創出する。たとえば元気調べでは，当番による呼名後「はい，元気です。家を出る前にツバメを見ました」などと，エピソードを紹介する。

また「はい，元気です。（前日までの友だちの自由研究）について調べてきました」とか，「はい元気です。（前日までに学習した事柄）について調べ直してきました」とか報告する。

では，子どもは，元気調べを通してどのようなエピソードを発信するのだろう。

たとえば2010年度12月13日（3年月組38人）に，全員から表5-2のようなエピソードが紹介された。

では，3年生はどのような話を集中して聴けるのだろう。

38人の子どもに，集中して聴いた話を複数回答可であげさせたところ，多くの子どもが集中して聴いた話は，料理に関する話「ワンタン麺を作る時に粉を間違えて入れた」（31人），動物に関する話「犬が鼻血を出す病気になった」（29人），スケジュールに関する話「明日は誕生日と発表が重なっているのでしんどい」（28人）だった（表5-3）。

つまり，笑いや驚きを呼び起こすエピソードや，自分を投影できるエピソードなどが傾聴されやすいと言える。

では，3年生はどのくらいの人数の話を集中して聞くことができるのだろう。

この子どもたちは入学時から2年間以上，このような発信と集中して聞く活動を積み重ねている。

第6章　小学校の実践③学級活動・児童会活動・学校行事のヒント

表5-2　朝の会で紹介されたエピソードの分類

【兄弟に関する話　8人】 　「弟がおんまつりで使う白い馬を見た」「弟は散髪では静かだったが家で叩いてきた」「弟が髪を勝手に切っていたら母に禿げになるでと言われた」
【スポーツに関する話　5人】 　スケートやサッカー，バドミントンの話
【外出に関する話　5人】 　「風呂屋に行った」「スーパーと本屋に行った」「神戸にルミナリエを見に行った」
【祖父母に関する話　4人】 　「おばあちゃんからのクリスマスプレゼントが楽しみ」「おばあちゃんに届ける赤福を忘れた」
【動物に関する話　4人】 　「犬が鼻血を出す病気になった」「後一回の試験で犬が盲導犬になれる」
【スケジュールに関する話　3人】 　「冬休みに北海道に行くのでスキーが楽しみ」「明日は誕生日とバンビのクリスマス会」
【その他　9人】戦いごっこ・両親・料理・車や道路等の話

表5-3　朝の会で子どもが集中して聴いた話

【料理に関する話】ワンタン麺を作る時に粉を間違えて入れた	31人
【動物に関する話】犬が鼻血を出す病気になった	29人
【スケジュールに関する話】明日は誕生日と発表が重なっているのでしんどい	28人
【兄弟に関する話】自分はあやとりが作れた，兄は作れない	26人
【外出に関する話】USJのアトラクションでパンツが濡れた	26人
【スポーツに関する話】サッカーの試合で強いチームに初めて同点で引き分けた	24人
【兄弟に関する話】習字の紙に弟がよだれを垂らした	23人
【スポーツに関する話】6年生の多いバドミントンの試合で一回戦勝ち，二回戦負けた	23人
【戦いごっこに関する話】剣を持った兄に素手で勝った	22人
【兄弟に関する話】弟は散髪で静かだったが家で叩いてきた	22人
【両親に関する話】酔って帰ったお父さんがパンツ一丁で寝てた	22人
【動物に関する話】後一回の試験で犬が盲導犬になれる	22人
【戦いごっこに関する話】妹の友達と戦いごっこを弱気でしてたら，妹が本気で目を叩いた	21人
【兄弟に関する話】兄がシュノーケルをつけて風呂に飛び込んだ	20人

表5-4　集中して聞けた人数

【25人以上】	1人
【24～20人】	9人
【19～15人】	14人
【14～10人】	12人
【10人以下】	2人

表5-4のとおり，このような活動を積み重ねることによって，半数以上の子どもが15人くらいの話を集中して聴くことができる力が身につくと言える。

3 「なかよし」に見る児童会活動のヒント

(1) なかよしグループを通した実行力・問題解決力の育成

次に異年齢集団による「なかよし」について紹介する。高学年には，4年生以上の縦割りによる表5-5のような15のグループがあり，奉仕活動や研究活動，ミニコンサートやイベントといった催し活動などを行っている。表5-5は，2011年度のなかよしグループの活動内容を示したものである。

このようななかよしグループの活動は半期構成とし，毎週火曜日6限（60分）と集会を開催しない週の金曜日6限（60分）に，活動計画に沿って活動と反省を積み重ねている。

また，各グループのリーダーが集うリーダー会（毎週月曜日5限60分）を設け，各グループからの要望や問題を話し合い，グループ間の問題解決を図っている。

なかよしグループの活動は，形式的な活動で終わってしまうと子どもの活動意欲が衰退する。そこで，2013年度は，表5-6のような，それぞれのグループの趣旨に沿った研究を行うことを大切にした。

また，各グループでは，自分たちの能力を高める活動と同時に，奉仕活動を行っている。たとえば2013年度の運動場グループは，裸足で体育をする際にけがをしないように運動場を整備したり，冬の霜に備えて地面に薬品をまいて運動場がぬかるむのを防いだりした。生物グループは，奉仕活動として季節や時期に応じて理科学習に必要な植物栽培や小動物飼育を行った。

催し活動としては，造形グループの，お化け屋敷の計画・準備・実行・反省が挙げられる。図5-1，表5-7は，造形グループが計画・実施し造形室につくったお化け屋敷の見取り図と子どもたちの準備の役割分担である。準備を終えた造形グループは，学校行事と調整してお化け屋敷の実施日を考え，実施日

第6章 小学校の実践③学級活動・児童会活動・学校行事のヒント

表5-5　2011年度なかよしグループの活動内容

グループ	担当	活動内容
歌と劇	中村	1. 「みんなで歌おう」や集会の歌を選び，みんなが楽しく歌えるように指導する。 2. 歌や劇のけいこをし，音楽会や集会などで発表する。 3. 世界中のいろいろな歌や劇について調べたり，演じたりする。
運動場	西下	1. 運動場に赤土をおいたり，コースをひいたりして私たちの運動場を作る。 2. 遊び道具や運動具を整え，貸し出しをして，みんなが楽しく運動できるようにする。 3. いろいろな運動をけいこし，みんなの学習に役に立つようにする。 4. 学校内に遊び場を作ったり，楽しい遊びを工夫したり，みんなの遊びで困ることを調べたりする。
科学	谷岡	1. 理科室，準備室にある器具の修理，掃除，整頓をして使いやすくする。 2. 校内の理科的環境を整え，科学的関心を高める。 3. 各自の問題を解決するように努め，探求心を養う。
器楽	廣津	1. 「みんなで歌おう」や集会の歌を，みんなが楽しく歌えるように伴奏をする。 2. 臨海合宿の夕べの集いや音楽会など行事の歌の伴奏をする。 3. 音楽室や準備室の楽器をいつも楽しく使えるように整頓する。
郷土	堀本	1. 身近なくらしを見つめ，生活を豊かにする工夫を学習する。 2. 奈良の歴史や文化に触れ，郷土に愛着を持ち，研究内容をみんなに発表する。 3. 奈良とその周りの地域の関係を知り，共通点や相違点を考察する。
掲示	西田	1. なかよし活動に必要な掲示やプログラムなどを上手に書く。 2. 校内の掲示物を工夫してつくり，掲示環境を整える。 3. 文字のよい書き方を研究し，みんなに伝える。
国際	畔柳	1. 世界の国々の文化を調べたり，日本との違いを見つけたりする。 2. 外国の言葉を使って，簡単な会話などのけいこをする。 3. 外国の学校に日本の様子を紹介したりして，交流ができるようにする。
情報	阪本	1. コンピュータルームの整理整頓をして，みんなが気持ちよく使えるようにする。 2. コンピュータを使って，いろいろな創作をし，発表する。 3. ソフトの使い方など役に立つ情報をみんなに知らせる。 4. 学校の新しいニュースなどを取材し，ホームページに掲載する。
数理統計	河田	1. 生活で活用されている数理を研究し，みんなに広める。 2. 数量や形を楽しみ，数理生活に役立てる。 3. 学級や算数研究室の数理的環境を整える。
生活	太田原	1. 家庭科室を使いやすくするため，用具，器具の点検，整理をする。 2. 正しい食生活をするよう，みんなに働きかける（給食を中心に）。 3. 裁縫などの技術を高め，みんなのために働く。
生物	杉澤	1. うさぎなどの生き物を育て，みんなに親しんでもらう。 2. 動物について観察したり，調べたりしながら育て方を工夫する。 3. 四季の草花を育て植物を愛する心を育てる。
造形	大野木	1. 造形学習の計画を立て準備をする。 2. 壁面・トーテムポール・紙工作などを作り，学校内を美しく飾る。 3. 造形室の整備や作品の整理をする。
図書	大野	1. 本の紹介等を通して，読書を広める。 2. 読書感想文を集めたり，紹介したりする。 3. 図書の整理や修理をして，利用しやすくする。
放送	小幡 清水	1. 朝，昼，下校の放送をする。 2. 放送室の使い方，アナウンスのしかた等を工夫する。 3. 放送の内容を工夫して作り，楽しんで聞ける番組を作る。
保健	仲	1. けがや病気の手当のしかたを覚え，みんなの世話をする。 2. 健康的なくらし方ができるように，みんなに働きかける。 3. 保健室を使いやすいように工夫したり，行事のときは保健衛生の世話をする。

第Ⅱ部　特別活動における教師のしごと

表5-6　2013年度の各グループの研究的な活動

【掲示グループ】ひらがなやカタカナの研究
【図書グループ】物語を読み，構成を研究し，自作物語を作る
【生活グループ】野菜の入った手軽なおやつの研究と試作
【情報グループ】コンピュータで合成写真やパラパラ漫画を作成 　　　　　　　　ホームページ作成
【保健グループ】校内のけがが起きやすい箇所の調査・報告
【郷土グループ】各地のゆるキャラと産物の関係の研究・発表
【数理統計グループ】子どもが好む人・物・事のアンケート研究
【造形グループ】お化け屋敷の計画と実施

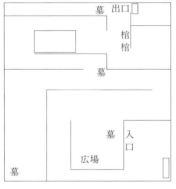

表5-7　お化け屋敷の準備の役割分担

お化け役（10人）
案内の必要物（2人）
棺（1人）予言の書（1人）
偽出口（3人）霧吹き（1人）
チラシ（7人）お墓（5人）
BGM（2人）看板（2人）
掃除用具入れ（1人）
チェンソー（1人）
死体の人形（1人）
マネキンの眼（1人）
覗き目（1人）目玉（1人）

図5-1　お化け屋敷の見取り図

と実施時間帯（授業間の休み時間と昼休み）を決めた。このお化け屋敷を行った日には，造形室前は長蛇の列となった。そして，お化け屋敷を堪能した子どもたちの興奮さめやらぬ声が響いた。

（2）定期的な集会活動を通した計画力・実行力・反省力の育成

奈良女子大附小では，「低学年なかよし集会（1～3年生が参加，金曜日5限60分，前期6回後期6回）」と「高学年なかよし集会（4～6年生が参加，金曜日6限60分，前期6回後期6回）」を体育館において実施している。

「低学年なかよし集会」の担当学級や「高学年なかよし集会」を担当するリーダー会は，2カ月前くらいから準備（歌の決定，掲示用歌詞作成，演奏練習な

第6章 小学校の実践③学級活動・児童会活動・学校行事のヒント

表5-8 「低学年なかよし集会」における役割分担

進行（4人）：掲示用黒板作成，進行，全体の感想
プログラム（2人）：発表学級名をつけて掲示する

①はじめのことば　②集会の歌「青い空青い海」
③学級発表　④（椅子でできる）体操　⑤学級発表
⑥歌（担当学級が決定）　⑦先生の話　⑧おわりのことば

放送（2人）：マイク調整，歌詞の掲示
舞台（2人）：中幕の開閉，発表掲示物の貼付等
音楽（14人）：入場曲と退場曲の演奏，歌の演奏等
体操（2人）：椅子でできる体操
会場（4人）：体育館に全員で行うシーツ敷き，椅子並べの指示
学級世話（10人）：1年から3年までの5学級の誘導や世話

ど）に取りかかる。そして，集会実施の計画（発表学級や発表グループ）を立て，実施と反省を積み重ねる（表5-8参照）。

集会当日の1時25分，各学級の世話係が引率して教室を出発し，体育館に入場する（図5-2）。音楽係が入場曲「子犬のマーチ」を演奏する。進行係が，「これから，第○回低学年なかよし集会を始めます」と，アナウンスする。

プログラム係がステージに立ち，発表学級や集会のめあてを告げる（図5-3）。その後，音楽係の演奏にあわせて「青い空青い海」を合唱する。

進行係は，合唱を聞いた感想

図5-2　入場の様子

図5-3　めあてを告げる

図5-4　合唱する

をアナウンスする。

　続いて，放送係が「次は，学級の発表です。題は，○○です」と，紹介する。たとえば3年月組は，第1回「三年とうげ（劇）」，第4回「きつつきの商売（全員音読）」を行った。

　1年生の場合だと，自分の顔を描いた絵を提示して，大きな声で自己紹介をしたり，学習でみつけた昆虫の様子を紹介したりする。

　最初の学級発表が終わると，進行係が感想をアナウンスする。その後，学級発表の間には，イスに座ったままできる体操がある。

　そして，次の学級発表の後，今期の集会の歌「世界がひとつになるまで」を，音楽係の演奏にあわせて合唱する（図5-4）。

　最後は，先生の話で終了となる。

　最初は，「低学年なかよし集会」や「高学年なかよし集会」を担当する子どもの係の仕事が手間取ったり，進行の段取りがうまくいかなかったりして，時間が延長する。しかし，会を重ねるごとの反省をもとに改善を図っていくことによって，順調に展開できるようになる。集会後の子どもたちの感想を以下に紹介する。

「なかよし集会と自分」　　　　　　　　　　　　　　　　夏佳（2005年度3年）
　最初の方は，3年生になったばかりで難しかったけれど，だんだん慣れていきました。でも，いつも気持ちはゆるめてはいけません。なぜかというと，そこから大きな失敗が起きるかもしれないからです。だから，いつも気持ちはゆるめてはいけないのです。大変だった所は，イス運びです。それと，自分のイス（体操係のイス）を出すことです。体操係になって，ステージの上で体操の手本をしてきたので，生活ではイスにきれいに座れるようになりました。

「なかよし集会と自分」　　　　　　　　　　　　佑奈（2005年度3年）
　私は，なかよし集会で，学級世話でした。担当の組は，2年月組でした。初めは，ざわざわしていたけれど，静かにしてくださいと言っていたら，第6回の時には，もうすっかり静かになっていました。最後，反省会の時に，反省や良かった所，少し悪かった所とか言ってあげるので，勉強の時に感想をすぐに考えられるようになりました。そして，感想を言えるためには，よく聞こうと思うようになりました。

4　「なかよし」に見る特色ある学校行事のヒント
　　　――行事を通した参画力・規律性の育成

　奈良女子大附小の運動会当日はグランドに教師の姿はない。あるのは，子どもが用具の出し入れをしたり出発の合図をしたりする姿だけである。
　運動会に必要な係活動として，事前に5・6年生が仕事の目的・計画を話し合い，準備物を整えたり各学年の手助けの練習をしたりする。たとえば用具係は，各学年の子どもが競技前に出す用具を一緒に配置したり片づけたりする。そのため，練習期間中（2週間）の最後の2日間は5・6年生の各係が各学年の練習に参加し，用具の準備や競技の進行等の練習を行う。

「小学校最後の運動会」　　　　　　　　　　　　健太（2008年度6年）
　僕にとって，この学校で最後となる運動会が終わりました。5，6年生は，競技以外に係の仕事があります。僕は用具コース係のリーダーとして精いっぱい頑張りました。僕らが用具を出さないと，運動会が始まりません。リーダーとしての僕の役割は，用具コース係の人に用具を出す指示をすることです。
　そして，僕たちの仕事によって運動会がうまく進むと，とても嬉しく思いました。運動会が終わった後には，ものすごく達成感がありました。これが，僕の最後の運動会での最高の思い出です。
　これまでの練習の成果を出し切れ，気持ちよかったです。そして，一生

懸命することの心地よさを味わうことができました。

また奈良女子大附小の学校行事には，高原での一泊合宿（3年生）・スキー合宿（4・5年）・臨海合宿（5・6年）がある。

3年の高原での一泊合宿では，3年生が2～3週間前から高原での学習内容や生活上の気をつけること等を話し合って，しおり（計画）を作成する。そして，合宿生活において必要なこと（ベッドシーツの準備や片づけ，食事や清掃の手順等）を練習して合宿に臨む。帰校後は，合宿生活の反省をし，日常の学校生活に生かすようにする。

「そに合宿」　　　　　　　　　　　　　　　　　　　雄大（2010年度3年）
　9月16日，そに合宿の集いのさい終日でした。楽しい思い出にすることだけでなく，自分で学習する力や生活する力をつけるために行きます。それは，もうじゅんびのつどいからはじまっています。大切な事は，目的・計画・実行・はんせい（しゅう正）の力をつけなければいけません。しっかりじゅんびしたいです。

高学年のスキー合宿や臨海合宿では，学級を解体して前述のなかよしグループを母体に合宿生活を行う（表5-9参照）。

そのためリーダー会が2～3週間前から学習内容や生活上の気をつけること等を話し合って，しおり（計画）を作成する。そして，合宿生活において必要なこと（宿舎での過ごし方，食事や学習の手順等）を練習して合宿に臨む。帰校後は，合宿生活の反省をし，日常の学校生活に活かすようにする。

つまり，子どもが創る体育的行事や宿泊的行事等は，「自分たちの属している社会（家庭・学級・学校・地域社会）をはっきりと意識し，また自己というものを，はっきりと確立していく上で，ぜひなくてはならない生活の部面」（『たしかな教育の方法』）を経験することを可能とする。そして，子どもはその経験を通して参画力や集団生活における規律性を身につけていくことになる。

第6章　小学校の実践③学級活動・児童会活動・学校行事のヒント

表5-9　2012年度臨海合宿の係の仕事内容の一部

就寝・昼寝係の仕事内容

　　○…みんなの仕事　　◎…受け持ちの仕事　　◆…学校で準備する仕事
◎日記を書き終わったら，就寝の準備の指示をする
○寝る場所をわかりやすい図に表してドアに貼る
◎時計の目覚ましをセットし，起床時刻を守れるようにする
○起きたら，できるだけ早く布団をたたむ指示をする
1日目夜　ホテルの方に布団を敷いていただく
2日目朝　部屋の隅にかたづける（シーツはつけたままにしておく）
2日目夜　1日目と同じように，各自で布団とシーツを用意する
3日目朝　シーツ・枕カバーをはずし，たたんで集め枚数を確認する
　→確認したのち，全員分そろえて廊下に出す
　→廊下に出したら先生に報告する
掛け布団・敷き布団・枕を種類別にわけて，部屋の隅にかたづける

保健係の仕事内容

　　○…みんなの仕事　　◎…受け持ちの仕事　　◆…学校で準備する仕事
◎健康観察と病人・けが人の先生への連絡
◆応急セットを準備して持っていく
○部屋であばれるとアレルギーの人が迷惑するので静かに過ごす
◎健康観察を行う

食事係の仕事内容

　　○…みんなの仕事　　◎…受け持ちの仕事　　◆…学校で準備する仕事
○食事のマナーの確認
○食事の準備・かたづけの確認
◎食事の司会，入退場の誘導とチェック，かたづけ確認，忘れ物確認
◎食事座席の決定と記入
◆おすすめ献立紹介の作成
◆食事係の仕事分担をする
（入室チェック，誘導（1，2F階段前・風呂場前），アルコール噴霧，司会他）
【食事の時の進め方】
・食堂に入場して，着席する（朝食時は水筒にお茶を補給する）
・食事メニューの紹介
・「いただきます」

連絡・整とん係の仕事内容

　　○…みんなの仕事　　◎…受け持ちの仕事　　◆…学校で準備する仕事
◎目覚まし時計の時刻を合わせ，日課に合わせて行動できるように声をかける
◆バスの座席を決める
◎バスの中など，人数点検のときに人数を数える
○バスの忘れ物を点検する
◎バスのゴミ拾いを点検する
○かばんの置く場所を相談して，きれいに並べる
◎常に部屋の中を見回ってゴミが落ちていたらすすんで拾う
○部屋が乱れたら，かたづけを呼びかける
◎ごみの袋をかえる
○荷物のまとめ，部屋の整とんの確認をする
○くつ，スリッパの整とんの確認をする

レクリエーション係の仕事内容

　　○…みんなの仕事　　◎…受け持ちの仕事　　◆…学校で準備する仕事
○グループごとのレクリエーションの練習
◎夕べのレクリエーションの司会
◎バス中のレクリエーションの司会
◎バスに乗ったときの人数点検の司会
○行きのバス車中でキッズガイドをする
◆生活班毎にバス中のレクリエーションを話し合ってもらう
バスの中ですること
〈行き〉
・各グループのリーダーに人数点検をしてもらい，それぞれのグループと先生方がそろっているか確認する（バスに乗る度に）
・朝の会……一人ずつめあてを発表
・決められたグループのバスレク
・キッズガイド
〈帰り〉
・ふりかえりを発表する

5　特別活動を活性化するヒント

　以上，奈良女子大附小の「なかよし」を通して，次のような特別活動を活性化するヒントを見ることができた。
　第一に，朝の会（学級活動）の元気調べを通して発信力と傾聴力が育つ。
　第二に，定期的な集会活動を通して計画力・実行力・反省力が育つ。とくに集会の準備・世話を通した活動は，「自分たちの属している社会（家庭・学級・学校・地域社会）をはっきりと意識し，また自己というものを，はっきりと確立していく上で，ぜひなくてはならない生活の部面」（『たしかな教育の方法』）となる。そして，そのような生活を通して明確なねらいを持ち，活動や成果を自己反省（評価）し，めあてがより高次なものへと移動し，次の活動につらなることができる。
　第三に，奈良女子大附小のなかよしグループの活動（委員会活動・クラブ活動に相当する）は，奉仕的活動と研究活動や催し活動（ミニコンサートやイベント）等を中心に活動している。
　また，各グループのリーダーが集うリーダー会（毎週月曜日5限60分）を設け，各グループからの要望や問題を話し合い，グループ間の問題解決を図っている。
　第四に，子どもが創る体育的行事や宿泊的行事等は，「自分たちの属している社会（家庭・学級・学校・地域社会）をはっきりと意識し，また自己というものを，はっきりと確立していく上で，ぜひなくてはならない生活の部面」（『たしかな教育の方法』）を経験することを可能とする。そして，子どもはその経験を通して参画力や集団生活における規律性を身につけている。

〈文　献〉
　中野光　1967　「木下竹次研究——『学習法』の理論とその思想背景」日本教
　　育学会編『教育学研究』第34巻第1号

第6章　小学校の実践③学級活動・児童会活動・学校行事のヒント

奈良女子高等師範学校附属小学校学習研究会　1949　「わたしたちのねがい」「教育計画の立て方」奈良女子高等師範学校附属小学校学習研究会『たしかな教育の方法』秀英出版，32-34頁

奈良女子高等師範学校附属小学校学習研究会　1952.3　「奈良女高師附属小学校略史」『学習研究』戦後再刊第58号，カホリ書房，7-11頁

奈良女子大学文学部附属小学校　1991.3　「『奈良プラン』の樹立」奈良女子大学文学部附属小学校編『わが校八十年の歩み』67頁

重松鷹泰　1948.12「生活の中核としての『しごと』――学校生活の区分」奈良女子高等師範学校附属小学校学習研究会編『学習研究』戦後再刊第20号，カホリ書房，6頁

重松鷹泰　1991.3　「奈良での仕事」奈良女子大学文学部附属小学校編『わが校八十年の歩み』59-63頁

　〈もっと読んでみよう〉

奈良女子大学文学部附属小学校学習研究会　2003　『「学習力」を育てる秘訣――学びの基礎・基本』明治図書出版
　⇨「しごと・けいこ・なかよし」の教育構造について，子どもの知的な求めから生まれる学習，自分の有能性を開拓していく学習，自分を発揮する学習生活といった視点から解説している。

奈良女子大学附属小学校学習研究会編著　2008　『新訂・「奈良の学習法」――確かな学習力を育てるすじ道』明治図書出版
　⇨自律的学習法による系統表を今日的に見直し，各種能力の指導系統を整理している。

〈考えてみよう〉

委員会活動への意欲が高まらない子どもがいる場合，どういう工夫が可能かを考えてみよう。

第6章のポイント

　この章では，児童会活動や学校行事という縦軸と学級内での朝の会やグループ活動といった横軸を機能的に関連付けることで，自らが属する社会を意識し，自発的に考え，行動する上で自己を確立していく場の創設の必要性を見て取ることができる。

　担任は目の前の子どもの育ちにとって必要だと思われることを考え，学級を経営していくものだが，それだけに留まらず，長期的な視点で学級経営を学校の取組とリンクさせることが，子どもの育ちを保障することにつながっている。ただし，学級活動は児童会活動の下請けではなく，学級活動として自立したものであり，担任の意図的計画的な取組であることは言うまでもない。

　小幡が示すように，毎日ある朝の会をコミュニケーション力の育成の場として活用することは意義がある。発言することと聴くことを組み合わせることで，温かい集団作りにも少なからず貢献している。この日々の集団作りとコミュニケーション力の育成が低学年なかよし集会の運営の基盤となっている。

　高学年になるとなかよしグループが，奉仕活動と研究的な活動に取り組んでいる。多くの学校では委員会活動とクラブ活動という別の組織になっているものを一つのグループ内の活動にしているところに特色がある。学校の既存の組織を当たり前のものとするのではなく，子どもの成長に対する意味や役割を見つめ直す契機にしていただきたい。

　さらになかよしグループは宿泊を伴う学校行事の母体ともなっている。小学生にとって宿泊的行事や体育的行事は特別なものであり，それを担うことは大きな負担であると同時に，大きな成長のチャンスでもある。見通しを持って計画し，集団のルールづくりを行うことが，参画力や規律性を養っている。ここで見落としてはならないのが，それを支える教師の役割である。なかよしグループは，学級を超えたグループ活動である。つまり学校の全ての教師が児童会活動や学校行事という縦軸と学級活動という横軸を関連付け，特別活動の意義や指導方法について，一定の共通理解をしているということである。

　小幡が所属した奈良女子大学附属小学校においても，一朝一夕にこの取組が確立されたわけではない。しかし，教師間のコミュニケーションを促進し，協同して取り組むことで可能になることを本実践が示している。長期的なプランニングで多くの同僚を巻き込んだ実践に期待する。

（中澤静男）

コラム2　人とのかかわりをつくるボランティア活動

小幡　肇

　大阪府池田市立池田小学校は，奈良女子大学附属小学校の考え方を教科学習や総合的な学習の時間に活かす取り組みをしている。とくに毎年，6年生は一年間を通したボランティア活動に取り組む総合的な学習を展開している。

　池田小学校では，人と人とのかかわり（異年齢間でのかかわり・地域の人や多様な考え方を持つ人とのかかわり）が少ないことが子どもたちの課題であるととらえ，次のような「つけたい心」と「つけたい力」を構想した。

つけたい心	つけたい力
・ボランティア活動を通して，相手の立場や気持ちを考えることの大切さに気付き，より良いかかわりがつくれるように実践する。【人権を大切にする心】 ・地域の人たちとのふれあいを通して，より深く地域やそこに住む人たちについて知り，自分も地域社会の一員である自覚を持つ。【地域を愛する心】	・活動の中で課題を見つけ，必要な情報を入手したり友だちと意見を交流したりしながら，より良い活動方法を模索し，実践する。【追究する力】 ・自分の体験したことや考えたことを，わかりやすく工夫して発表したり文章にまとめたりする。【表現する力】 ・お互いの考えを理解し，認め合いながら話し合いをする。【基礎基本の力】

　そして，4月から5月までには1年生へのボランティア活動を，6月から2月までには地域の施設でのボランティア活動を計画し，毎週午後4～5時，地域の7施設でボランティア活動を行った。

2011年度は，次のような実践に取り組んだ。

幼稚園では，園児と遊んだり幼稚園の先生のお手伝いをしたりした。そして，子どもたちは，園児が言うことをきいてくれない，園児にどう接すればよいかわからないなどの悩みに出会い，解決を図っていった。

高齢者総合福祉施設では，高齢者とのふれあいや施設の方のお手伝いをした。そして，子どもたちは，高齢者と話が通じない，接し方が難しいなどの悩みに出合い，解決を図っていった。

エコミュージアムではお手伝いを，商店街では店番・客への対応・清掃等をした。そして，子どもたちは，客とのやりとりが難しい，ポイ捨てが減らないなどの悩みに出合い，解決を図っていった。

落語ミュージアムでは，客への応対やイベントのお手伝いをした。そして，子どもたちは，客とのやりとりが難しい，落語について勉強しないと答えられない，少ない客を増やしたいなどの悩みに出合い，解決を図っていった。

小さな絵本館では，読み聞かせや絵本の紹介をした。そして，子どもたちは，幼児との接し方が難しい，少ない客を増やしたいなどの悩みに出合い，解決を図っていった。

公園清掃では，清掃をし，持ち帰ったごみを計量した。そして，子どもたちは，活動のマンネリ化，ゴミを減らす工夫などの悩みに出合い，解決を図っていった。

定期的な活動を通して計画力・実行力・反省力が育っている。とくに準備・世話を通した活動は，「自分たちの属している社会（家庭・学級・学校・地域社会）をはっきりと意識し，また自己というものを，はっきりと確立していく上で，ぜひなくてはならない生活の部面（奈良女子大学附属小学校『たしかな教育の方法』（第6章参照））」となっている。そして，そのような生活を通して明確なねらいを持ち，活動や成果を自己反省（評価）し，めあてがより高次なものへと移動し，次の活動につながっていく。

第7章
中学校の実践①励まし合い高め合う学級活動

金子光夫

> 「いじめ」や「不登校」などが大きな問題になって久しい。大津でのいじめによる自死の事件は，メディアでも大きく取り上げられた。「いじめ」は，当事者に対する個別的指導を行うのは当然であるが，それだけでは，根本的な解決にはならない。学級づくりをすすめ，子どもたち同士で問題に対して取り組む力を育てることが大切になる。学級集団づくりができているかどうかが問題解決の鍵を握っているのである。学級で話し合い，「いじめはやめよう！」という自治の力を学級の中につくりださなければならない。そのためには，毎日の学級活動の積み重ねが決定的に大切なのである。

1 「学級の扉を開く日」／学級びらきの企画

(1) 始業式をむかえるまでにやっておくこと

4月1日，学年所属と担任が発表される。入学式は4日または5日に行われるのが普通であるが，その間学級担任として次のようなことを準備し，やっておかなければならない。

①学級づくりのイメージをつかむ

担任学級が決定されたら，自分の担当するクラスについて「学級づくり」のイメージを把握する。学級のイメージをつかむ資料としては「指導要録」（抄本），「健康診断表」「歯の検査表」「児童生徒保健表」などがある。小学校での事前の聞き込み資料もあるだろう。そして「リーダーになると思われる生徒は誰か」「心配のある生徒は誰か」「身体的に配慮を要する生徒は誰か」「どんな

図7-1　学級通信第1号

学級になっていくか」などのイメージをしっかりもって，1年間の指導計画を立てていく。

②学級の組織構想をねる

　学級にどんな係をつくりどんな活動をするか。班はいくつつくればよいか，など学級の組織構想を考える。また，当面誰をリーダーにしていくかなどの見通しをもつ。係活動，当番活動の掲示物などの下準備もしておく。

③学級通信第1号はカラー封筒に

　学級びらきで配布する学級通信第1号を作成する。これから担当する子どもたちやその保護者に向けての最初の担任としてのメッセージになるので，それなりの工夫を凝らしたい。

　入学式後の最初の学級びらきでは，新しい教科書と同時に多くのプリント類が配られる。納入金などの銀行届け出用紙，健康調査票，家庭訪問の日程表，学校だより，PTA総会の案内などがあるだろう。プリントだらけである。

　私は，これらを一つの封筒に入れて持ち帰らせるようにした。つまり学級通信の第1号は封筒に印刷するのである。A4判のカラー封筒を使用する。学年が変わった場合も同じように「進級おめでとう」の言葉で学級通信第1号を発行すればよいのである（図7-1）。

　学校から帰ってきた子どもに，各家庭で保護者が「今度のクラスどう」「今度の担任の名前は」などと聞く。子どもは鞄から封筒を取り出し「はい」と封筒ごとテーブルに出せばいいのである。封筒に印刷された学級通信を見て，家庭で話が弾むことは間違いない。また，家庭から学校への返信があれば，この

第7章　中学校の実践①励まし合い高め合う学級活動

封筒に入れて持ってくることもできるのである。

　この実践は，これまで多くの講座や学習会で紹介してきたが大変好評であった。私のやり方に加えて，封筒の裏側にクラス名簿を印刷していた青年教師がいた。いろいろ自分なりの工夫を加えてみることが大切である。

（2）「学級びらき」をどう企画するか
　①学級びらきのねらい
　入学式の直後や始業式の後の，担任する子どもたちとの最初の出会いの場を「学級びらき」という。学級びらきという言葉は近年普及し，4月当初には各地で講習会も実施されるようになってきた。しかし，まだまだ意識的に取り組めていない学校も多い。
　学級づくりのスタートのときであるので，「学級びらき」はとくに大切にしたい取り組みである。子どもたちとの最初の出会いの場を「連絡と教科書の配布で終わり」というのだけはさけたいものである。
　学級びらきのねらいとしては，つぎのようなものが考えられる。
　(1)学級づくりの第一歩の日として，感動的に印象深くしる。
　(2)子どもたちの不安や緊張をときほぐす。
　(3)新学年をむかえて「やる気」を引き出す。
　(4)教師として自分を理解してもらう。
　(5)学級全体の雰囲気や課題のある子どもの様子を把握する。
　とにかく，緊張している子どもたちとコミュニケーションをとり，楽しい雰囲気をつくりだしたい。家に帰って，子どもたちが保護者に，今度の先生は「優しそうな先生」「楽しそうな先生」「面白そうな先生」との話をすれば，最初の出会いは大成功であったと言えるだろう（家本，2007）。
　②基本的なプログラム
　いろいろなやり方があるが，それぞれ自分の個性を発揮して取り組めばよい。私がこれまで取り組んできたプログラムを紹介すると次のようになる。

第Ⅱ部　特別活動における教師のしごと

学級びらきプログラム

①全員でのあいさつ
②出席をとる（名前を読み上げ，一人ひとりとあいさつをして握手する）　名前の確認
③担任の自己紹介（名前，経歴，部活担当など）
④担任からのお話（感動したこと，自分の中学校時代の話など）
⑤メモリアル・ワーク（うたごえ）
⑥事務連絡（教科書，学級通信，各種書類の配布）
⑦次回持ってくる物，宿題などの確認
⑧さよなら

担任する子どもたちとの最初の出会いの場であるので，心に残る感動的なものにしたい。そのために私は，メモリアル・ワークを重視し，ほとんどの場合，「うたごえ」に取り組んできた。「翼をください」「大きなうた」「野に咲く花のように」などいろいろな歌を子どもたちとうたってきたが，一番多くうたったのが「あの青い空のように」である。この歌は，小学校3～4年生の音楽の教科書で，すべての出版社の教科書に掲載されている歌である。この歌を知らない子どもがいたとしても，教師のうたう声に続いてうたえば誰でもすぐにうたえる歌なのである。

あの青い空のように

丹羽謙次　作詞作曲

1．よろこび　ひろげよう
　　　小さな　ぼくたちだけど
　　　　　　　あの青い空のように
　　　　　　　澄みきった心になるように（※）
2．淋しさ　忘れまい
　　　小さな　ぼくたちだけど
　　　　　　　※繰り返し

（JASRAC 出 1416655-401）

第7章　中学校の実践①励まし合い高め合う学級活動

③成功させるには
　学級びらきを成功させるためには，次のような事前の準備が必要になる。
・教室をきれいにする。
・教卓に花をかざる。
・子どもたちの机やいすをぞうきんがけする。（不具合はないか使用具合を確認する。）
・ロッカー，傘立て，下足箱には名札をつけておく。
などの準備をしっかりしておく。メモリアル・ワークとして「うたごえ」を紹介したが，その他にも楽しい工夫を演出したい。例をあげると
・読み聞かせをする　・詩を読む　・ギターを弾いてうたう
・隣の人の似顔絵を書く　・集団あそびをする　・手品を見せる
・宝探しをする
などがあるだろう。桜の花の下でグループごとに記念写真を撮ることをしていた担任もいたが，子どもたちの思い出に残る「学級びらき」になるにちがいない。

2　どのような学級をめざすか
――「朝の会」「帰りの会」で子どもを育てる

　学級づくりを進める上で「最も重要なポイントは何ですか」と聞かれると，それは「朝の会と帰りの会」ですと答えることにしている。最近の学校では，「朝の会」や「帰りの会」がきちんと行われていない場合が多い。朝読書，朝のプリント学習などで時間が使われ，「朝の会」は担任からの連絡だけという学級・学校が増加している。また，「帰りの会」も部活の時間を確保するとのことから，連絡だけで終わっている学級がめずらしくない。
　これでは学級で何かに取り組む基礎は培われない。とくに「いじめ」などの対策は，学級担任が子どもの様子をしっかり観察することが基本になる。「朝の会」や「帰りの会」で一人ひとりの子どもの顔を見れば，「どうもおかしい」

と気付くのである。子どもからの重要なサインを受け止める場なのである。

　朝の会，帰りの会は，どの学校でも10〜15分程度であるが，1年間を通して考えると大きな時間となる。毎日の朝の会・帰りの会をどのように運営するかで，大きく学級が変化するのである。

(1) 朝の会／教師は明るい笑顔でのぞむ
　まず，一日のスタートのときである「朝の会」に教師は，「明るい顔」で臨むことを心がけるべきである。朝の職員打ち合わせが終わり，教室に向かいながら明るい顔をつくる。そして教室では，太陽のように明るい顔で子どもたちの前に立つようにしたいものだ。
　朝の会・帰りの会は，連絡や指示だけの会ではないという点が重要である。朝の会は，子ども集団が今日一日の生活で，どういう目標に向かってがんばるのかを全体で確認し合う場である。その他，朝の会の運営にあたっては，次のようなことを大切にしていきたい。
①朝から説教や小言は絶対に言わない。
②粘り強くリーダーを育てる。
③要求（要望）を組織する。
④連絡事項と教師からの話とを区別して語る。
⑤本日の日程を確認する場である。
⑥学級成員の健康状況を相互に確認し合う場である。
　金子学級での朝の会のプログラムを紹介すると次のようなものになる。

　　　　　　　　　　　朝の会プログラム
※　担任は始業のチャイムまでに教室に行く。
　　　司会者は前に出る。座席は班の形で座っている。
司　会　　「着席してください。机の上のカバンを下ろしてください。」
　　　　　「これから朝の会を始めます。」
号令係　　「起立，礼。」

第 7 章　中学校の実践①励まし合い高め合う学級活動

全　員	「おはようございます。」
司　会	「まずはじめに出席点検と健康調べをしてください。1班！」
1班の班長	「全員出席しています。異常ありません。」
司　会	「2班！」
2班の班長	「○○君が来ていません。○さんが風邪気味です。」

………………

6班の班長	「○○君が欠席です。」
司　会	「次に今日の連絡です。まず金子先生から。」
担　任	「時間割の変更があります。………」
司　会	「各係からの連絡はありませんか。」
	※　専門委員会などの係からの連絡をする。
司　会	「次に学級委員から，今日の目標を言ってもらいます。」
	※　学級委員は前に出る。
学級委員	「最近，机のまわりにゴミをほかす人がいます。ゴミを落とさないようにしてください。ゴミを落としたら拾ってください。」
	※　黒板の端に目標を書き出す。
司　会	「最後に先生からのお話です。」
担　任	※　できるかぎりほめる話になるように心がける。
司　会	「以上で朝の会を終わります。今日も一日頑張りましょう。座席を元に戻してください。」

（2）帰りの会／一日のまとめの場

　帰りの会は，今日一日どうがんばったのか，問題はどこにあったかなど，一日の生活をクラス全員でまとめる場である。朝の会とのセットとして考えたい。また，明日の行動の内容を確認していく場でもある。

帰りの会プログラム

※　司会者は掃除終了後，すぐに黒板の前に出る。
　　座席は班の形になっている。
司　会　「はやく着席してください。」（始業のチャイムまでに着席させる。）
　　　　「机の上のカバンを下ろしてください。」

第Ⅱ部　特別活動における教師のしごと

```
              「これから帰りの会を始めます。」
号令係　「起立，礼。」
司　会　「まずはじめに今日の日誌を読み上げてもらいます。」
          ※日誌の係（日番）は前に出る。今日の欠席者，授業の様子などを読み上
            げる。本日の目標についての評価を発表する。
          「机の下に一番ゴミが多く落ちていたのは3班です。ゴミを落とさないよ
            う気をつけてください。」
司　会　「次に，明日の連絡をしてもらいます。」
          ※教科の係から，その他の係から，先生から。
司　会　「次はうたごえです。うたごえ班お願いします」
          ※うたごえ班は前に出てリードする。
司　会　「最後に金子先生からのお話です。」
司　会　「以上で帰りの会を終わります。」
号令係　「起立，礼，さようなら。」
```

これらの活動を通して子どもを育てる。とくにリーダーを意識的に育てることが大切である。「リーダーをどのように見出せばよいか」などの質問を受けるが，活動しなければ子どもは見えてこない。集団を育てるのは，毎日の係活動，当番活動への日々の取り組みの積み重ねからである。

（3）班活動で「やる気」を引き出す

①班のつくり方

班のつくり方には，「これでなければいけない」というものはない。子どもの実情にそって，教師が個人と集団を指導しやすいようにつくればよい。とは言っても，学級のスタート時には，一般的には名簿順など教師が一定の配慮をして班をつくる。「配慮をして」というのは，障害をもつ子や気がかりな子などに対して配慮をする必要があるからである。

班の人数は30名前後の学級であれば，5～6名ぐらいがいいのではないか。また，20名前後の学級であれば4～5名が適当である。男女混合であるのが自然であるが，バランスの取り具合によっては女子だけの班，男子だけの班があ

ってもよい。

　班をつくるとき，教師が大切にすることは，「班をつくる過程を大切にする」ということである。また，教師が一方的に決定するのではなく「子どもとの合意（納得）を得て決定する」ということである。

　班活動の仕方としては，まず班活動は学級びらきの日から始める。簡単な仕事をあたえ，評価と目当てで子どもを動かしていく。けっして怒ったり脅したりしない。ほめて子どもを動かしていくのである。班長会議は，いつでもどこでも短時間に行うようにする。「班長集合！」と言って教卓の周りに班長を集めるなど，教師のそばに子どもたちを集め対話すればよい。必要によっては多めの時間をとり，机に座って会議形式で行うこともある。私の場合は，ほとんどの場合「立ち話形式」の班長会議であった。

　②具体的に教え育てる

　リーダーを育てる場合，我々が大切にしたいことは「自分たちの問題を自分たちで解決・克服できる学級，そのためのリーダーを育てる」ということである。この力を育てないと学級が楽しくないし，いじめや暴力の問題も解決しない。最近の学校現場の状況をみると，この取り組みが決定的に欠けているように感じられる。個別的対応と管理的処置に終始しているように思える。これでは学級内で発生するさまざまな問題に振り回されるだけになってしまう。そこで，問題解決・要求実現のすじ道を積極的に子どもたちに教える必要がある（家本，2007）。

　問題・要求
　　　↓
　①まず親しい友人と話し合ってみる
　　　↓
　②班会議でみんなに言ってみる
　　　↓
　③班長会議でリーダーが相談しあう
　　　↓

> ④クラス全体で話し合いクラスとしての要求にする
> 　　　↓
> ⑤児童会・生徒会，学年全体の大きな要求にする

　教師はこの取り組みに指導・助言をおくる。けれどもあくまで主人公は子どもたちである。この筋道にしたがって取り組みを進めていけば，リーダーが育つのはもちろん，学級の中に自治の力が育っていくのではないか（坂本，2004）。

（4）学級・学年の中に自治の力を育てる

　自治の力を育てるというと何か難しいことのように思われるが，「みんなで決めてみんなで守ろう」ということである。
①子どもの要求を受け止める。
②学級で話し合い「クラスのやくそく」をみんなで決める。
③みんなで活動する。
④問題が出てくれば話し合って「クラスのやくそく」を変える。

　これらのことを学級会で話し合うのであるが，リーダー集団である班長会が大きな役割を担う。班長会で取り組むことは，学級会に提案する原案をつくることからはじめる。原案にしたがって学級会（学級総会）をひらき，みんなで話し合い物事を決定する。原案のない学級会はひらかない。必ず原案に基づいて話し合いをすすめるようにする（坂本，2004）。

> 　　　　　　　　　　学級総会への原案モデル
> 　　○月○日　　学級会　　　提案　班長会と担任
> 議題「○○○について」
> ①提案理由（わけ）…………学級のようす・取り組む意義書を書く
> ②目標（めあて）……………ねらいをどうもつか
> ③日時（日程）………………○月○日（○曜日）○校時
> ④会場（場所）………………どこでやるか
> ⑤内容（やること）…………おもに何をやるか

第7章　中学校の実践①励まし合い高め合う学級活動

⑥プログラム（やる順序）………具体的ななかみ・流れを一覧にする
⑦実行責任者（中心の人）………誰が主催者か・推進者か
⑧係分担（かかり）……………班の係・個人の係・協力者

　原案の例を示したが，はじめはどうしても教師の指導が必要である。ていねいに，具体的につくり方を指導・助言する。班長が成長し，自分たちで原案づくりができるようになれば，順次子どもたちにまかせていけばよい。

〈文　献〉
家本芳郎　2007　「学級の扉をひらく日」（学級びらき講座レジュメ）
坂本光男著　日本生活指導研究所編　2004　『やっぱり学級はだいじだね』

　〈もっと読んでみよう〉
家本芳郎　1984　『子どもと生きる教師の一日』高文研（2010年に新版が刊行された）
　　⇨教師になったら必ず読んでもらいたい本である。始業まえから始まって職員の打ち合わせ，朝の会，授業，休み時間など，学校での一日を子どもたちとどう過ごすか，細やかな智恵とヒントが書かれてある。大変参考になる書物である。
土佐いく子ほか著　春日井敏之監修　2014　『明日の教師とともに学ぶ』せせらぎ出版
　　⇨小・中学校の元教員による大学の授業実践をまとめたものである。「明日の教師」である学生の可能性を明らかにし，エールを送る書物となっている。模擬授業のシナリオなど具体的な資料がこれからの授業に役立つものとなるであろう。

〈考えてみよう〉
・朝の会を行うため教室に行くとチャイムが鳴り終わっているにもかかわらず，子どもたちが走り回っている。こんなとき教師はどう指導するか。
・2学期になり，子どもたちが担任に反発してくる。子ども同士のけんかやトラブルも目につくようになってきた。こんなとき担任は子どもたちをどう指導するか。

第Ⅱ部　特別活動における教師のしごと

・自分のクラスの子どもたちから「学級でゲームなどのレクをしたい」との要望が出てきた。学活ですることは学年で決められている。こんなとき担任はどうすればよいか。

第8章
中学校の実践②
子どものやる気を引き出す学校行事・生徒会活動

金 子 光 夫

　この章では，生徒会活動の進め方についてとりあげる。生徒会の活動は全校生徒会と学年生徒会から構成されるが，ここでは主に学年生徒会の取り組みを紹介したい。私たちは，学年生徒会のことを学年委員会と呼んでいる。学年委員は，各クラスから男子2名女子2名が選出されて構成されている。
　子どもたちは，学級を基礎に要望（意見）を出し合い，要望書にまとめる。さらに，学年委員会のリーダーを中心に，実現のために取り組みをすすめ，要望を教師に認めさせる。そして，行事そのものを「自分たちのもの」にしていく。このことこそ，「子どもの権利条約」の精神である「子どもを権利の主体としてとらえる」ことに通じるのではないかと考えた。

1　3年かけて子どもたちとの信頼関係を築く

　中学校では，1年生から3年生まで継続して担当するのが普通である。2年生から，または3年生からその学年に所属する場合も当然あるが，学年の中心となる教師は3年間子どもたちを担当する。つまり3年かけて子どもたちとの信頼関係を築き集団づくりを進めるのである。
　私が3年間担当した学年では，どんな行事においても，大きなうた声を響かせてきた。中でも，5月に実施した広島修学旅行での「平和の集い」が印象的であった。平和公園の木立の中に「ヒロシマの有る国で」のうた声が響きわたった。気がつくと，集会のまわりに人垣ができていた。11月の文化活動発表会では，プロのオーケストラの伴奏で「大地讃頌」（混声四部）を合唱した。
　そんな学年であるが，1年生の2学期には「荒れ」が顕著になり，授業が成

立しないクラスも出現していた。この先いったいどうなるのかと心配させられた集団であった。2年生になり，問題行動が起こるたびに臨時学年会議を開き，生徒集団および個人分析をする。問題行動を起こした生徒への当面の指導は行われるが「集団づくり」は遅々として進まなかった。「集団づくり」の言葉は知っていても，その実践となるとなかなか難しい課題であった。

　私は，この「集団づくり」の行き詰まりを打開するため，行事の企画にあたっては，子どもたちの要望を大胆に取り入れてみようと考えた。2年生の2学期に実施された校外学習では，子どもたちから出された「制服で行きたい」「カメラを持って行きたい」などの要望を思い切って受け入れてみた。

　学年委員会（学年生徒会）は要望をまとめるだけでなく，校外学習でのルールも自分たちで決め，校外学習を成功させるために取り組んだ。本番当日，心配された問題行動や事故は一切なく，立派に成功させることができたのである。

　子どもたちの要望を取り入れた行事の成功で，教師と子どもたちとの信頼関係が大きく前進した。これ以降のスキー合宿や修学旅行でも，「要望」が子どもたちから次々に出されたことはいうまでもない。しかし，この行事で培われた信頼関係が，学年委員会を中心にした集団づくりを大きく前進させ，子どもたちの自治の力を成長させることにつながったことは確かである。問題の多い学年であったが，この秋の校外学習が大きな転換点になり，集団づくりの質的な飛躍を作り出したと考えている。以下，どのように集団づくりに取り組んだか詳述したい。

2　子どもたちの要望を大胆に取り入れて

（1）ジャージで神戸に行きたくない

　2年生の11月，校外学習が予定されていた。9月は体育大会，10月には文化活動発表会で学年合唱に取り組み，教師も生徒も力を出し切った後の行事である。

　この校外学習の企画を決める学年会議では，「どんなに忙しくても，事前の

第8章　中学校の実践②子どものやる気を引き出す学校行事・生徒会活動

取り組みなしで子どもをどこかにつれて行くのは止めよう」「しっかりした取り組みができなかったら，校外学習は取り止めにしてもいいのではないか」等の意見がでる。学年の教師としては，時間的な余裕がないが，可能なかぎり事前の取り組みをおこない，本番にのぞもうという意志統一をする。子どもたちの行動は，ウォークラリー方式（班行動）でおこない，自由に神戸市内を散策するという方針をたてる。メリケンパークをスタートし，南京町，生田神社，北野異人館を経てポートライナーに乗り，ポートアイランドの北公園に集合するというコースである。これは，3年生になっておこなう修学旅行において，広島市内の被爆跡を班単位で見学することを見通しての計画であった。今回は，学年委員会を開催して実施計画を子どもたちに説明することを止め，担任から直接各学級で説明することにした。

①行き先は神戸とする。
②神戸市内で班行動を実施する。（ウォークラリー形式で）
③服装は体操服のジャージを着用する。
④春の校外学習で約束違反クラスがあったので，今回はおやつは禁止とする。

　学級担任が学活を終えて職員室に帰ってくるのを待ち，生徒たちの反応を聞いてみる。
「おやつ禁止にみんな文句言ってたやろ」と尋ねると，
「金子先生，ちがうちがう，みんなジャージで神戸に行きたくないって言うてます」との返事が返ってくる。
「ジャージやったら絶対行かへん」
との意見がでたクラスもあったようである。おやつ禁止というのが一番の不満と思っていたので，意外な反応である。

　私は，子どもたちが「不満」を残したまま行事を実施しても意味がないと判断した。失敗に終われば2月のスキー合宿や，3年生に予定している修学旅行にもつながらない。スキー合宿や修学旅行を成功させるためには，学年委員をこの取り組みの中で，リーダーとして自覚とやる気のある集団に育てなければならない。行事は集団を飛躍させる機会になるのである。

（2）不満を要望に変えて

　子どもたちの要求をとりあげるにあたって，ただたんに「不満」を解消するのでなく，子どもたちの「自治の力」を育てる良い機会とすることにした。そこで，

①要望の出し方（要望書の書き方まとめ方）
②その要望の実現の仕方（どうすれば実現させることができるか）

を具体的に教えることにした。これまでも子どもたちの要求は大切にし，行事のきまりや計画に取り入れてきたが，学級や学年として，きちんと取り組みの仕方や手だてまでは指導してこなかった。

　子どもたちは「こうして欲しい。こんなんはいやや」という要求があっても，その出し方を知らない。そして，その要求が表に出ず，「不満」として沈滞していく。また，「どうせ俺たちの希望なんか聞いてくれへん」と諦めている場合も多い。教師のほうも「希望があったらきちんと言えよ」と口では言うが，その出し方や具体的な実現の仕方までは，子どもたちに教えてこなかったのが現実である。

　学年委員会担当の井上先生との打合せで「校外学習についての希望」を各学級で話し合い，要望書にまとめさせることにする。

　学級で校外学習の要望について話し合い，学年委員会で各クラスごとの要望を出し合う。子どもたちは「こんなことしても，どうせ聞いてもらわれへんわ」とでも思っているのか，本気で取り組もうという学級は数クラスしかない。6組は春の校外学習でおやつの違反を出したこともあり，要望することを躊躇していた。それでも，幾つかのクラスで「要望書」が作成され，学年主任の私に「先生おねがいします」と手渡しにくる。

（3）中華街で豚まん買いたい

　中学校では，どこの学校でも他学年との関係が課題となる。学年だけで物事を決めることがなかなかできない場合が多い。生徒の要望を取り入れて行事を組み立てるとなると，この問題をさけて通れない。まず，学年の教師でしっか

第8章　中学校の実践②子どものやる気を引き出す学校行事・生徒会活動

り意志統一をしておく必要があるのである。「今日3クラスから要望のビラが配られてるけど，どうするの。全部認めるんかなあ」と学年会議で私から切り出してみる。各教師からは，積極的な意見が出ない。
「とにかく結論ださなあかんし，何か意見言うてや」という私にうながされて次々に意見が出される。

　水谷「制服の件は認めてもいいのではないですか」
　井上「今回はレクリエーションするわけではないし，ジャージでなくてもいいと思いますが」
　私「お金持って行きたいっていうのもあるで。お金持って行ってなにすんねん」
　水谷「おみやげを買いたいらしいですよ。とにかく神戸というのが，特別な意味があるらしいから，あの子らにとっては」
　西田「うちのクラスは中華街で豚まん買いたいって言うてるわ」
　岩田「それいいじゃないですか。買わしてやりましょうよ」
　私「中華街だけでお金使う言うたかて，お金持って行ったらそういうわけにはいかんのとちがうかなあ」
　水谷「お金持って行くなと言っても，かってにジュース買いよるからなあ」
　井上「学年委員会の担当者としても，中華街で買い物するというのを実現したいんですけどねえ」
　私「修学旅行とちがうからなあ。校外学習で小遣いありというのは今まで聞いたことないで」

との私の発言に，お金というのは抵抗あるとの意見が大勢をしめる。他の学年との関係もあり，我々の学年だけで認めることには問題も出てくる。学年委員を中心にした取り組みがすすめば，これらの要望のうち，とりあえずお金以外は認めようということになる。

（4）「一部のクラスの要望は認められません」
　クラスからの要望を正式に受け付けるための学年集会を体育館で実施する。

司会者の「校外学習について要望のあるクラスは前に出てください」の言葉に3クラスが出てくる。発表するクラスの代表に「自分たちの要望を実現するんだ」という熱意はあまり感じられない。集会の集合状態をみても、これといったリーダーたちの動きがない。生徒たちの発表が終わると司会者が「それでは、金子先生に要望書に対する回答を言ってもらいます」。

「君たちの要望はわかりました。しかし、今日要望があったクラスは3クラスだけですねえ。なるほどなあという要望もありますが、これは一部のクラスの要望です。一部のクラスの要望は認める訳にいきません。それから、要望することはいいことやけど、自分たちは今回の校外学習をどのようにして成功させるのか、考えてほしい。集合状態をみても、きちんと時間までに集合できていたのは3組だけ。学年委員が遅れてくるクラスもありましたよ。これでは、校外学習そのものが成功しません」との言葉でしめくくる。

とくにリーダーである学年委員の取り組みに注文をつけておく。要望を実現するためには皆が団結しなければならないこと、学年委員が指導力を発揮し、集団として「やる気」をアピールする必要があることを教えたかったのである。

集会終了後、体育館の隅に学年委員たちが集まって円陣をつくり、何かを言い合っている。要望書を作成していたクラスの学年委員たちが、作成していなかったクラスに対して、「あんたら、きちんとやりや！　私らジャージやったらいややからね！」と大きな声で詰め寄っていた。

（5）学年委員会が「統一要望書」にまとめて

「一部のクラスの要望は認める訳にいきません」との私の言葉をうけて、学年委員たちは各クラスの要望を「学年統一要望書」にまとめる。届けに来た「統一要望書」を見ると「おやつ」が項目に入ってない。「なぜなの」と聞いてみると、春の校外学習で違反があったことを反省して「今回は要望するのをやめとこ」という意見が大勢をしめたとの説明であった。

統一要望項目の決定にあたっては、朝の会で学年委員から各学級に提案し、学級の承認を求めた。一部のクラスでは、「おやつの要望がはいっていないの

第8章　中学校の実践②子どものやる気を引き出す学校行事・生徒会活動

はなんでや」との意見も出たが，学年委員が説明しみんなを納得させたようである。

```
学年統一要望
①制服で行きたい。
②お金を持って行きたい。
③カメラを持って行きたい。
```

また，「やる気」を示すため学年委員を中心にそれぞれの学級で取り組みもはじまった。
・「制服で行く以上，きちんとした服装で行くようにしよう」と呼びかけているクラス。
・チャイム着席に取り組むクラス。
・授業中のおしゃべりをやめようと取り組むクラス。
・前回おやつの違反を出した6組は，学級決議をし，先生聞いてくださいと言いにくる。

（6）緊急学年委員会の開催
　校外学習の前日，統一要望書への回答をしなければならないときがきた。帰りの会が始まる前に理科室に学年委員を集合させる。少し緊張した顔がならんでいる。「統一要望について回答します」といきなり切り出した。「まず①制服で行きたい。認めます」と私から回答を発表するが，これといった反応が無い。つづいて「②お金を持って行きたい。認めません」「③カメラを持って行きたいについてですが，過去によく写してもらえないとか，逆に写しすぎて現像やプリントにお金がかかりすぎたなどのトラブルがあったそうです。その心配はどうかなあ。先生方の中でそんな意見が出ていたけど」と質問をしてみる。子どもたちからは積極的な意見が出てこない。①の制服は認められたが，やはり②のお金が認められなかったのがショックなのか，全員元気が無いように見える。それでも「大丈夫です」「ちゃんとします」「まかしといてください」など

の声がパラパラと出てくる。この場では，あまり深く追求せず「わかりました。それでは①と合わせて③のカメラも認めます。すぐに学級に帰ってみんなに知らせてください」としめくくり，学年委員会を終える。

理科室を出て行く子どもたちに「うれしい」とも「不満や」とも反応が無いのがやはり気になる。

帰りの会を終えて職員室にもどってきた担任にたずねてみる。
「どうやった。回答を発表してもあんまりうれしそうになかったけど」
「そんなことないで。津村君なんかにこにこしながら帰ってきたで」と意外な返事がかえってくる。他の担任も
「とびあがって戻ってきたで」
「走って帰ってきたわ。よっぽどうれしかったんやわ」
「お金の件は初めから無理やと思っていたみたいや。あの子ら，制服で行くことにこだわっていたみたいやで」などの返事が次々にでてくる。どの学級も「明日の校外学習は頑張ろう」「みんな違反の無いようにしようぜ」という雰囲気で帰りの会を終えたようである。

（7）**校外学習が楽しくなった**

校外学習の当日，学年委員が先頭にたって集合させ，「全員集合しました」と次々に報告にくる。日頃，問題行動が多く，重役出勤だといわれている染谷君も時間までに集合している。なんと，週3日程度，保健室登校している杉野さんも参加している。学年委員をはじめ，学級で参加を呼びかけたことが成果をあげたようである。

班行動は，メリケンパークをスタートし，中華街の長安門，居留地跡，生田神社，北野異人館を班単位でたずね歩き，三宮からポートライナーに乗ってポートアイランドの北公園に集合するというものであった。いずれも阪神淡路大震災では，壊滅的な被害を受けた所である。大きな違反や事故もなく，立派に成功させることができた。

今回の校外学習についてアンケートを行い，生徒たちに感想を書かせてみた。

第 8 章　中学校の実践②子どものやる気を引き出す学校行事・生徒会活動

| 質問項目 | 要望事項が一部受け入れられたことについてどう思いますか。
（ジャージが制服に・カメラ持参を許可） |

3組

- よかった。すごくよかった。めちゃくちゃよかった。……………………………… 13
- まあまあよかった。……………………………………………………………………… 2
- 制服でいけてうれしい。気分がよかった。…………………………………………… 2
- 制服で行けてとてもよかった。神戸をジャージで歩くのははずかしいから。…… 2
- 校外学習が楽しくなった。……………………………………………………………… 1
- うれしかった。今度のスキー合宿でお金の要望が通るように，またベル着とか頑張りたい。…………………………………………………………………………… 2
- 制服の要望を受入れられたことは，すごくよかったと思う。神戸をのびのびと見学できたし。カメラは良き思い出をのこせたのでは。皆も，より一層楽しそうだった。……………………………………………………………………………………… 3
- いいんじゃないでしょうか。…………………………………………………………… 1
- 次からは，もっと別のものを持って行きたい。……………………………………… 1
- 取り組みが遅かったので，一時は全部だめだと思っていた。……………………… 1
- この前が守られなかったからしかたがない。………………………………………… 1
- ベル着をみんながんばった結果だと思う。やるだけやった。……………………… 2
- 一部だけじゃなしに，お金も入れてほしかった。…………………………………… 2
- どうも思わない。………………………………………………………………………… 1
- 無回答 …………………………………………………………………………………… 1

5組

- よかった。とてもよかった。…………………………………………………………… 18
- 制服で行くのははじめてだったし，カメラももって行って記念に残ったのでよかった。たのしくなった。……………………………………………………………… 3
- 制服はみんな熱烈に要望したので取り入れられると思ったけどカメラは無理だと思っていたので，受け入れられたのでうれしかった。…………………………… 1
- うれしかった。…………………………………………………………………………… 5
- 当たり前や。制服は当たり前だと思った。や。……………………………………… 2
- みんながんばったから，とうぜんだ。………………………………………………… 1
- 制服やカメラはいいけど，お金がだめになったのでくやしかった。……………… 1
- 無回答 …………………………………………………………………………………… 1

図 8-1　校外学習アンケート結果（全学級で実施）
（注）　各回答の右に示されているのは，回答した人数。

図8-1に資料としてあげたのは、3組と5組の結果であるが、どのクラスもほぼ同じような結果になっている。自分たちで要望をまとめ、それを実現させたことを素直によろこんでいることがうかがわれる。何と言っても、教師と生徒との信頼関係が深まったのが一番の成果であった。「気分がよかった」「校外学習が楽しくなった」との感想が何にもまして印象的である。

3　卒業させてみてわかった気がする

(1) 修学旅行を見通して

B中学校では、2年生の3学期に実施されるスキー合宿を修学旅行として位置づけてきた。やはり3年生でメインになる行事を企画したいとの思いから、私たちの学年から3年時に、「広島修学旅行」を実施することにした。

大阪でも、平和学習が風化しはじめたのか、「ディズニーランド修学旅行」が増えてきていた。「ディズニーランド」がダメというわけではないが、「広島」や「長崎修学旅行」が減少し、年々「ディズニーランド」が増えてきているのは気になるところであった。

平和学習イコール「広島」「長崎」でないことはいうまでもないが、それでは「広島」「長崎」以外で平和学習の取り組みが進展しているかというと、そうでもない。あえてこの時期に「広島」を取り上げた意味は、大きいのではないだろうか。1年時からこの3年生での修学旅行を見通して、各行事を組み立ててきた。

(2) 注意したり怒鳴ったりすることの一切ない3日間

校外学習で要望を実現させ、行事を成功させた自信が、その後のスキー合宿、修学旅行に引き継がれた。行事ごとに学年委員会でアンケート用紙をつくり、要望を集め学年統一要望書をつくる。前回の経験が生かされ、自分たちでつくりあげた。

スキー合宿における、宿舎での生活規律についても自分たちで作成し、学年

第8章　中学校の実践②子どものやる気を引き出す学校行事・生徒会活動

図8-2　広島平和公園での「平和を考える集会」

集会で決定し当日にのぞんだ。宿舎では，一切の館内放送は使用せず，すべてリーダーを通じて指示を下ろすようにした。朝の食事，ゲレンデでの集合など集合時刻がほぼ完璧に守られたのには，教師たちも驚かされた。反省点としては集合してからの私語が多いこと，なかなか静かになれないことがあがっていた。この反省点は，帰校してからの取り組みに生かされ，修学旅行の目標項目にあげられた。

　3年生がスタートし，修学旅行にむけて具体的な取り組みを開始した。1年時から行き先を説明しているにもかかわらず，
「何で広島なん」
「先生，広島なんかダサイわ」
「A中学なんかディズニーランドやで。それに向こうでは私服やで」
などの声が生徒の中からあがってきた。生徒の要望とはいえ，この時点では行き先を変える訳にはいかない。もちろん，子どもたちも「うらやましい」とは思っているが，本当に行き先を変更して欲しいというわけではない。「広島」ではやっぱり子どもたちはのってこないのか，子どもたちにとっては「やらせられる」行事なのか，と不安になる場面もないではなかった。

　執行部を確立した学年委員会は，7項目の要望を実現させた。そして，学年統一目標として次の4項目
①すばやく集合し，私語をすぐにやめる。
②歌声を大きくひびかせ，心をこめてうたう。

③学級や班の団結でウォークラリー(班行動)を成功させる。
④服装や持ち物の違反は絶対にしない。
を決定し,みごとやりとげた。旅行先では,教師が注意したり,怒鳴ったりすることの一切ない3日間であった。

　修学旅行後のPTA学級委員会で子どもたちのようすについて,保護者から多くの声が返ってきた。
「先生,うちの子はほとんど学校のことをしゃべらないんやけど,修学旅行から帰って来たときはほんまにいっぱいしゃべってくれました。よっぽど楽しかったんですねえ」
「うちの子も,ほんまに楽しかった言うてましたわ」
「行く前は,広島なんていやや言うてましたけど。よかった言うてました。」
　ダサイと思われていた「広島」であるが,被爆者の方々から被爆体験を直接聞き,被爆跡を自分の足で訪ねたことは,子どもたちの心を確実にゆさぶったのである。そして,要望をまとめ,取り組みをし,教師に認めさせ,企画し,自分たちの力で修学旅行を成功させたという実感が,楽しさをさらに大きくしたことは間違いなかったようである。

　修学旅行の後,全校で平和集会が開催された。3年生からは,広島の原爆の悲惨さ,山口県の地理,明治維新の歴史など,旅行先で学習した課題を各クラスから発表した。そして,3年生全員で修学旅行のテーマソングであった「ヒロシマの有る国で」を合唱した。

図8-3　平和集会での学年合唱

（3）全員が参加して「別れの言葉」を

　この学年の卒業式は，生徒も担任も涙にくれ，感動的な別れになった。これまでの教師生活でもあまり経験のない卒業風景となった。B中学校の卒業式については以前から「なんと白けた卒業式なんだろう」と感じており，内容のあるものにできないものかと考えてきた。

　卒業生の「別れの言葉」においては，代表者だけで答辞を読み上げるのではなく，卒業生全員が参加し，集団的表現である群読や学級コールを組み入れたものにした。また答辞の中でうたう歌も，自分たちの自治活動の歴史に刻まれた歌4曲と別れの曲の5曲をうたうことにした。

・1年　文化活動発表会学年合唱曲　　「君をのせて」
・2年　文化活動発表会学年合唱曲　　「Let's search for tomorrow」
・3年　修学旅行テーマソング　　　　「ヒロシマの有る国で」
　　　　文化活動発表会学年合唱曲　　「Tomorrow」（「生き物地球紀行」から）
・別れの曲　　　　　　　　　　　　　「巣立ちの歌」

　卒業生の退場時には，スキー合宿のテーマソング「君にあえて」で退場することにした。また，別れの言葉を作成するにあたってはアンケートをとり，次のようにまとめた。

「私たちは3年間，どんな行事においても，大きな歌声を響かせてきました。1年生から合唱を続ける中で『何で合唱ばかり』と思う人も少なくなかったと思います。しかし今，こうして振り返ってみると，3年間合唱をやりとげてよかったと感じています。一つひとつの歌声にそれぞれの思い出が一杯詰まっています。そしてなによりも，合唱はみんなの心を一つにしてくれます。」

　卒業式の終了後，体育館を退出し子どもたちは教室にもどり担任との最後の別れをする。グランドに出てきた子どもたちから，胴上げされた担任もいた。

　2日後の学年会議で，3年間の実践について総括をおこなった。その胴上げされた担任が「金子先生が『力で押さえつける指導はあかん』とずっと言って

たけど，あの子らを卒業させてみてわかったような気がします」と発言した。「軟弱や」「甘い」と他学年からいわれてきた私たちの学年であったが，学年の教師だれもが，この担任と同じ思いであったのではないだろうか。

　〈もっと読んでみよう〉

　　全生研常任委員会編　1983　『学年集団づくりのすじみち 中学校編』明治図書出版
　　　　⇨全校集団づくりの指導シリーズの一つとして編集されている。中学校でのさまざまな課題を解決するには学年集団をどう組織するかにかかっているが，学年別の具体的な指導例が記述されている。
　　折出健二・大畑佳司・坂本光男・服部潔編著　1994　『教科外活動を創る』労働旬報社
　　　　⇨特別活動とは何かの原理・理論が詳しく記述されている。また教科外活動の歴史や実践課題が実践例とともに明らかにされている。
　　家本芳郎　1979　『合唱・群読・集団遊び──実践的「文化活動」論』高文研
　　　　⇨合唱練習の仕方や隊形の組み方，さらにステージにおけるマナーなど具体的な指導方法が記述されている。群読などは行事で使用すれば内容豊かなものに変えることができる取り組みとなる。

〈考えてみよう〉
・学年で合唱コンクールが予定されている。自分のクラスの子どもたちは大きな声でうたえず，合唱の練習がうまくいかない。こんなとき担任はどう指導すればよいか。
・生徒会の活動を活発にさせたいのだが，リーダーになれるような指導力のある子どもがなかなか役員に立候補してこない。こんなときどう指導すればよいか。

第8章　中学校の実践②子どものやる気を引き出す学校行事・生徒会活動

第7章・第8章のポイント

　中学校での長い教歴をもつ金子の実践からは，学級活動や学校行事を通して，いかに学級集団をつくっていくのかを，具体的にみることができる。金子の集団づくりの鍵を握るのは，子どもたち自身がルールを決め，それを守りながら，自分たちの問題を自分たちで解決・克服していく，自治的な力を育てることである。

　金子の学級集団づくりは，まず，学級びらきから始まる。それは，実に周到である。教師はあらかじめ学級のイメージをもち，リーダーになる生徒や学級の組織を構想している。また，事前に教室を掃除し，生徒の机をふいておくといったようなかくれた下準備にも，ぜひ学びたい。

　万全の準備を経て迎えた学級びらきにおいて，金子は，一人ひとりの生徒との関係を築くと同時に，集団で共有できる感動的な場面を用意する。折々に歌われる歌は，金子の集団づくりを象徴している。

　そうした印象的な場面はあるものの，学級集団の土台を作るのは，あくまでも日々繰り返される学級活動である。1日10分ずつの朝の会・帰りの会も，1年間積み上げれば大きな時間になる。子どもたち自身が目標を立て，振り返ったり，係や当番の活動をしたりする中で，徐々に学級集団が育っていくのである。

　学校行事は，そうした日々の実践の上に成り立つ。「行事は集団を飛躍させる機会だ」と，金子は言う。3年間の行事を見通しながら，金子はじっくりとリーダーを育て，やがて，生徒集団に自治的な力をつけさせていく。たとえば，「校外学習にジャージで行きたくない」という生徒の気持ちを，不満や諦めにとどめさせるのではなく，リーダーを中心に，集団としての要望にまとめあげさせる。そのために，金子は，問題解決や要求実現のやり方を，子どもたちに具体的に示している。

　そして，子どもの要求を受け止める一方で，子どもたち自身に行事を成功させる責任を負わせる。子どもたちは，自分たちの要望をまとめ，実現させることを通して，行事を自分たちのものとし，成功させた充足感を味わう。そこには，教師・生徒間の信頼関係も育っていく。

　こうした集団づくりの背景には，他の教師との連携や協力があることも見逃せない。学年全体の教師との意志統一や，他学年の指導との整合性があってこそ，説得力をもって安定した指導をおこなうことができるのである。

　生徒の自治の力を信じつつ，裏でしっかりと支え，導きながら育てていく金子の実践は，教師をめざす若い人々に，おおくのヒントを与えてくれるだろう。

（渋谷真樹）

コラム3　クラブ活動と部活動

金子光夫

中学校の部活動は「教育課程外の活動」である

「中学校の想い出の一番は部活」「部活が自分を成長させてくれた」という人は多いのではないか。しかし，部活動が「学校の教育活動」であるという法的根拠はないのである。学習指導要領における中学校の教育課程をみると部活動の記述はどこにもない（総則に記述があるが）。

中学校において放課後おこなわれている部活動は，「教育課程外の活動」であるということになる。つまり課外（非正規）の活動ということであり，時間割にも組み込まれない。部活の顧問がおこなう生徒たちへの指導は，法的には勤務（校務）ではなく，教員が自主的におこなっている業務に過ぎないということになっている。また，教師が土・日に部活動で学校に登校しても，代休は認められない。部活動は教師の善意で成り立っているといっても過言ではない。

2008年の学習指導要領の改訂において「学校教育の一環として」との言葉が加筆された。このことで，はじめて正式に部活が認定され，学校現場において部活の扱いが変わるのではないかと言われたが，現在のところ大きな変化はみられていない。部活動は，「教育課程外の活動である」ことに変わりはないのである。

部活とクラブ活動との違い

クラブ活動（全員参加）と部活動（放課後）は明確に区別して捉える必要がある。クラブ活動は，小学校の学習指導要領においては特別活動として明示されており，教育課程内の活動となっている。したがって，小学校のクラブ活動は時間割にも組み込まれ，全員が参加する活動となっている。一方，中学校においては，クラブ活動は存在せず，部活動である。かつて中学校にもクラブ活動が存在した時期があったが，現在は廃止されている。

コラム3　クラブ活動と部活動

2008年改訂の学習指導要領における部活動の記述

「生徒の自主的,自発的な参加により行われる部活動については,スポーツや文化及び科学等に親しませ,学習意欲の向上や責任感,連帯感の涵養等に資するものであり,学校教育の一環として,教育課程との関連が図られるよう留意すること。その際,地域や学校の実態に応じ,地域の人々の協力,社会教育施設や社会教育関係団体等の各種団体との連携などの運営上の工夫を行うようにすること。」(中学校学習指導要領総則)

第9章
高校の実践　遠足で試行錯誤
——バーベキューの力——

佐藤　功

　義務教育段階と違って，高校では，特別活動の位置づけ自体が学校によって大きく異なる。ほとんど生徒だけで運営し教師が介入しない学校から，教師が「手取り足取り」行わなければ動けない学校まで，現実として存在する。LHR（ロングホームルーム）の時間さえカリキュラムに存在しない（もしくは形としては存在するが授業などに読みかえている）学校もある。

　充分に自主的行動を行える高校生ゆえ，それぞれの状況をふまえた上で，適切な指導が求められる。「高校入学までにリーダー経験をあまりしたことがない」生徒が集まる学校でも，行事等の場面において上級生が下級生を引っ張ることが伝統となっているところでは，3年次になって生徒たちが大きく成長する姿が見られる。特別活動の持つ「力」を実感する瞬間である。

　本章では，ある遠足の一場面をもとに，「ベテラン」と言われる域に達しても試行錯誤を日々積み重ねている教師の指導と，生徒たちが変容していくさまを追う。

1　史上サイアク！の遠足スタート

　教師生活もうすぐ30年。今までも何度となく遠足を経験した。
「文化祭の成功は遠足から」。
　声を大にして言えるほど，遠足を大事にしてきた。大好きな行事だ。
　しかし，今年の遠足は，私の教師人生サイアク＝雰囲気が悪い遠足としてスタートした。
「意味ワカラン！」「担任のオーボー（横暴）や！」

朝から，生徒たちの怒号が渦巻く渦巻く。

サイアク雰囲気の遠足，果たして春早々，今年のクラスはばらばらになってしまうのか——。

2　これぞ「葬式バス遠足」！

大阪の公立普通科高校の3年生。地域的には必ずしも余裕のある家庭に育った生徒ばかりではない。粗野な言動を行う生徒もいる。反面，人なつっこく，ひとたび心を許すと，教師に対しても思いっきり親和的に接してくれる生徒たちでもある。

さてこの間，「授業時数確保」や「行事の精選」が叫ばれ，生徒間のコミュニケーションを育てる時間が減ってきた。

日ごろのHRでのレクやちょっとした決めごとの経験なくして，文化祭や体育祭などの大行事を成功させることはできない。生徒たちが自主的に考え行動する力は，1年間，あるいは3年間といった長期的サイクルの中で育まれるものだ——その意味で「春の遠足」はその後のクラスの体質を決める大切な行事だと考えている。

個人でも行けるような遊園地で，「勝手にぶらぶら」なんてモッタイナイ！　行き先を決定し，班を決め，メニューを決め，買い出しを行う……わが3年6組の遠足が「きれいな河原でバーベキュー」と決まったときには，「よし，いいぞ！」と手を打った。

さっそく遠足委員（クラス委員＋各班代表＋有志）の面々が，情報教室で「きれいな河原」を検索する。観光施設のホームページや各種ブログなどを当たり，5カ所の候補地を見つけ出し，次回HRでは情報教室でプレゼン会を行った。コンピュータ画面を見て，クラス全員の投票で行き先を決める。

担任の私も，遠足委員たちの見つけてきた候補地に，「武田尾・旧国鉄廃線跡ハイキング＆バーベキュー」を加えてプレゼンに参加した。が，3年生ともなると，担任案が採用されることはめったにない（残念＆頼もしい！）。

今回は，野球部・ダイくん推薦の「玉川峡でバーベキュー」に決定した。

さて，近畿圏の「遠足好適地」にはたいてい行ったことがある私だが，「玉川峡」なんて地名は初耳だ。
和歌山の高野山から流れる川の支流とかで，たしかにホームページの写真は，澄み切った清流が写っている。
難点は，交通アクセスが厳しいこと。
南海電車の駅から，バーベキュー好適地までは5キロほど歩かねばならない。観光バスを仕立てて行ったとしても，ラスト3キロは細い山道。大型バスは入れない。しかし，
「先生，ここ，ゼッタイ貸し切りできるで」
遠足委員は揚々と元気だ。ケータイからすぐ現地に電話し，「ラスト3キロを現地の小型バスで送迎してもらったらいくらかかるか」など，着々と情報を得る姿がたくましい。
結局，検討のすえ彼らが選んだアクセス法は，大型が入れないなら，小さなバスで行ったらいいじゃないの——25人乗りのマイクロバス2台をチャーターし，クラスを2つに分乗して現地まで行くという方法だった。偶然，今年の遠足日が友引にあたり，地元バス会社が葬式の親族会葬などでよく使うマイクロバスを格安で動かしてくれたのもラッキー！　だった。

3　バス席移動は認めるべきか

さて，最近の高校生は，自分の親密な仲間に対しては過剰なほど気を遣う半面，自分とテイストの違う（キャラが違う）友だちとは口もきかない，視野にも入らないということがよくある。
修学旅行の部屋割り決定などは，ときとして一大バトルロワイヤルとなる。「グループの○○ちゃんと同じ部屋になった」「なれない」で涙涙の大騒動，場合によっては「もう修学旅行に行きません」と大きく禍根を残すことも。

「人にはいろんなタイプがあるし、みんながみんな仲良くなれるはずなどない。でも、少なくとも、自分と違うタイプの人とも最低限お互いイヤな気持ちにならない訓練はしっかりしとこうよ」

まったくの偶然によって一つのクラスに集まってきたメンバーたち——同じ嗜好グループ（クラブ活動仲間や私的な友人仲間）でない人——との関係構築体験は、これからの人生を生きる上で、たいへん大きな財産となる。頭で「仲良くしよう」と考えるだけでは不可能で、協働作業を行う（一緒に何かを作り出す）ことでしか得られない貴重な経験である。

その意味で、私は、遠足→体育祭→文化祭といった行事サイクルを精一杯大切にしている。クラス活動や授業のあちこちの場面でも無作為班を意識的につくり、「小さなかかわり」が"当たり前"になるよう心がける。生徒たちもその点はしっかり理解してくれたようで、今回の遠足の班分けも、委員たちは「完全抽選。新しい友だちをつくる」案をクラスに提示し、承認を得た。

ところが。

本校の遠足は、1学期の中間試験翌日にあり、3年生は各クラスごとに行き先を決める。試験最終日（遠足前日）のホームルームは、遠足の最終確認。担任の私、副担任のF先生とも別用があり、遠足委員長のバスケくん（男子）らに運営をすべてまかせた。彼らは遠足の班決めと持ち物確認を、他のクラスがホームルームを終了したあとも、かなりの長い時間、やっていたようだ。

「先生、明日の班が決まりました」

放課後、遠足委員長・バスケくんが班分け表（図9-1）を持ってきてくれたのだが、それをみてビックリした。

私が一見してわかるほど、クラス内の「グループ」単位に班分けがなされているじゃないか。おまけに、女子の一部は露骨に矢印で結ばれていて、「細工」のあとがありありだ。

「これって本当にくじ引きで決めたの？」

「……はぁ」

いつもは元気なバスケくんの歯切れが悪い。

第9章 高校の実践 遠足で試行錯誤

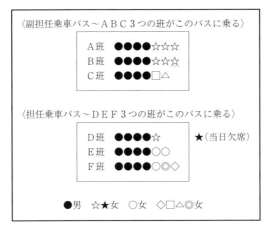

図9-1 バスケくんが持ってきた班分け表（※関係性がわかるように図示した）

　わが3年6組は男24人，女14人。男子は運動クラブに入っている元気者が多く，女子も「気が強い」を自他ともに認めるメンバーが数多くいる。
「男子はどうとでもなるんだけど，女子が……なあ」
　首をひねるバスケくん。
　もとから人数の少ない女子。活動的なメンバー（図中☆★）が半数（8名）ほどいるけど，それ以外に，おとなしくまじめと定評のある3人組（○）のほか，学年始めのこの時期，まだクラスになじめず休み時間ごとに去年のクラスの友だちのところへ"避難"しているメンバーも複数いる（◇□△◎）。その中には，
「センセイ，私，無理。遠足ぜったい休むから」
　早々と欠席宣言しているサナエさん（女子）も含まれている。
（※サナエさんには，「新しい関係つくるための遠足やん。いいことあるかもしれないからぜひおいで」と説得を続けてきた。サナエさんは図中では◇にあたる）。
「まじめな3人組の人たちが，ばらばらの班になってすごく暗い顔してた。ほかの女子が，かわいそうだということで，替わってやったみたいです」
　バスケくんの弁明も苦しげだ。

139

4 当日朝, もう一つ問題が

　朝7時半集合ということで心配されていた遅刻常習者たちも, しっかり顔をそろえた遠足当日。
「ぜったい休む」宣言をしていたサナエさんも来ている。
　しかし, ここでまた一つ問題が起こった。
「元気者女子」グループに属する図内D班の★さんから欠席連絡が入った。
　そこで元気者☆グループが大いに困る。
　★さんがいないことで, 残った元気女子（☆）グループ7人のうち, 6人が副担任F先生乗車バスに, 一人だけが担任サトウ乗車バスに乗ることになる。
「先生, こっちのバス, 女子がほかにいなくてかわいそうだから, 私, こっちに移っていいですか」
　心やさしき☆さんが申し出てきた。
　でもちょっと待ってほしい。
（君たちの「グループの女子」はたしかに一人だけど, このバス, 他に「女子」は5人も乗ってるぞー）
　心の中で叫ぶ担任である。

　もとより私は優柔不断なタイプだし, 生徒たちにも嫌われたくない。でも,「不正は認めない」「遠足は新しい友だちをつくる場だ」と今までさんざん言ってきた。ここでブレて「好きな者同士」を認めてしまったら, せっかく勇気を出して遠足に参加したサナエさんはどう思うだろう……?
　こんなギリギリの判断を, 瞬時に求められる。その上, ここでどんな選択をしても必ずだれかから不満は出てくる。
（まったく因果で過酷なお仕事だよな,「教師」って……）
　今さらながら痛感し, ひとりつぶやいた次第。

5　前代未聞の……?!

　私の担任クラスでは，日々の教室での席替えはすべて生徒たちが仕切る。
　ただし，「不正があったら担任指定の席に強制送還」もルールとして，年度当初からのお約束としてことあるごとに確認している。
　悩んだ末，結局このとき私が選択したのは，生徒たちから思いっきり「意味ワカラン」と言われた方法だった。

「とにかく，きのう君たちが決めたとおりにバスに乗ってください。でも，今日はこのあと，2回班替えをします。バーベキューをするために1回，帰りのバスに乗るときに1回，です」
「えっ，それってどういうことなン？」
　生徒の困惑顔に答えて説明する。
　ここから目的の玉川峡まではバスで2時間ほど。だいたい半分過ぎた1時間後に，各バス内で班替えを行う。
「新しい友だちをつくるための遠足だったよな。だからいっぱい班替えをする。もちろん，機械的を原則」
　それに従い，まずは河内長野でのトイレ休憩の際に，荷物を持って新しい班ごとにバスを乗り換える——バスの運転手さんにも「今まで何度か遠足で学生を運んだけれど経験したことがないなあ」と言われた，乗車途中の班替え＆バス移動の挙行だ。

6　バーベキューの力

　河内長野にて。不機嫌きわまりない顔で，何人かがバス移動してくる。
　今まで「副担バス」でさんざん文句を言っていたのだろう，小声で「意味ワカラン」「メンドクサイ」とぶつぶつつぶやく者がいる。2台のバスとも，「細

工」混じりの現行6人組に1〜6の番号を与え，それがそのまま6つの班へと振り分けられたのだから，班内の「仲良し」とは全部ばらばらになってしまう——彼らの不満は極大だ。

　それでも面と向かっての担任批判がないのは，日ごろ担任が強権で締めあげていたから……ではまったくなく，皆が「不正」を認識していた（黙認していた）ことによる後ろめたさを持っていたからだろう。

「はい，いらっしゃい。じゃあ，買い出しまで時間ないんでとっとと説明するで」

　間髪入れず（何事もなかったかのように）説明する。

「これから30分後にスーパーに着きます。予算は1人1,500円。6人班だから1班あたり9,000円で食材を買うこと。条件は，以下の3つ。

①9,000円を超えれば，各人の持ち出し（自腹）となる。

②9,000円に達しなければ，お釣りはクラス費に寄付となる。

③班員全員が，1人1品ずつ食べたい（買いたい）ものを主張して，それは必ず買うこと。

さあ，時間ないぞ。早く班長決めて，班長はお金を取りにおいで」

　両手にハダカの1,000円札をびらびらと見せびらかしながら，あおるあおる担任＝私。

「えっ，じゃあ，ぴったり9,000円にせんともったいないヤン」

　各班で最初に声をあげた者が暫定的に班長としてお金を取りに来る。

「ひと班9,000円。ガッチリ買いまショウ（←古い！）」の始まり始まり——。

　議論はあると思う。たしかに高校3年生だから，ここはじっくりと「班分けはこのままでいいのか」「なぜ担任はあえて班替えを挙行したのか」などを，考えさせるべきだったのかもしれない。

　しかし，狭いバスの中に渦巻く負のオーラ。その中でリアルタイムに討論を仕組む勇気がなかった。とにかくこのときは，「あまり知らない人と一緒に『つくる』ことの楽しさ」を「バーベキューの力」を借りながら体感してもらおう，を優先させた。

第9章　高校の実践　遠足で試行錯誤

「これで6,830円。案外9,000円っていろいろ買えるんやなあ」
「△△さんも食べたいもん言うてや。全員一つ以上言わんとダメやから，ね」
　ケータイを電卓機能にし，「バスに酔うわあ」と叫びながらメニューが決まり，買い物リストができあがっていく。
「ウチの班は塩コショウ買うから，アンタのとこで豆板醤買ってよ。交換しよう」
　調味料は班相互にシェア契約が結ばれていく。
　2台のバスが郊外型スーパーマーケット（※下見ずみ）の駐車場にすべり込み，制限時間40分で買い物が始まる。
　大きなカートをごろごろ転がし，肉，野菜はもちろん，デザートやジュース類など，かなり豪華に買い込んでいく。
「センセ，見て見て！」
「9,004円」「9,002円」など，「ほぼピタリ」の領収証を誇らしげにみせあう生徒たち。なかなかの買い物上手だ。
　私と副担任・F先生とは，皆で使えるような着火剤や焼きそばプレートなどを確保，いざ，バスは目的地・玉川峡へと向かっていく。
　買い物終了を待っていたかのように，雨が上がった。やがてバスは「大型不可」区間に入っていく。心配されていた雨上がり後の濁流もなく，透明度の高い清流が横を流れる。
「めちゃくちゃエエとこやん，ここ」
　石の数発も川に投げ込んだあと，さっそくバーベキューの支度に入る。
　通常，この手のバーベキューでは，担任・サトウはできるだけ各班の火付け作業を黙って見守ることにしている。
　アウトドア経験に乏しい彼らだから，あちこちで着火剤だけ燃やしてしまい肉を焼く前に炎が消えたり，手元にあった紙や廃ダンボールに火をつけて，エグい煙がもくもくとあがったり，それらを余裕で笑い過ごしながら，クラスに1人2人いる「火起こし名人」を探し出し，助っ人を頼んだりするのが「バーベキュー遠足」の常だ。

しかし，今回はわりと早い段階で私自身が火起こしお助け隊として動いてしまった。

　生徒たちから「担任はうるさいことだけ言って何もしてくれないヤン」との厳しい視線が出ていたから？　……う～ん，やっぱり優柔不断だ。

「しゃあないなあ。こういうときは炭をこうやって互い違いに並べて，やなあ……」

　趣味と実益兼ねた，20年来のバーベキュー経験はダテじゃない。

　決してアウトドア派でない私でもいつの間にか火起こし技術に長けるようになり，ウチワを持つ手を激しく動かし，炭にいい感じの火だねが赤く燃えだしてくると，生徒たちから歓声があがる。

「わーっ，センセ，ありがと」

　腹がふくれると，人間，気持ちも裕福になる。

　担任，副担任だけでなく，お世話になったバスの運転手さんにきっちりおすそわけを持っていく者がいる。

「みんな来てー。女子全員で写真撮ろー」

　アルバム委員がまとめる。

　男子はまだ5月のこの雨上がりに，どこで着替えたか，あちこちに海パン姿が次々と川に飛び込み，友だちを引きずり込み，手頃な枝を見つけてきてはターザンごっこ→"お約束"の川の中へドボン——ここぞとばかりはしゃぎまわる体育会系クラスである。

「一時はどうなるかと思ったけど，めちゃくちゃ楽しいなあ，今日」

　去年もわがクラスで活躍してくれたKくんがしみじみとつぶやく。

「撤収の美学」の法則（※行事が成功したかどうかはあとかたづけの積極度で計られる）どおり，ぎりぎりまで遊びながらも，短時間できびきびと，「来たときよりも美しく」がなされた。

　帰りのバス乗車前の「最後の班分け」は，全員一致で「まだまだはしゃぎたい者バス」と「疲労回復のため寝バス」に分かれることになったが，結局は，

どちらのバスも，自然発生的にゲーム大会が行われたようで，あっという間の帰路だった。

7　○○のMVP

遠足翌日のHRでは，「私だけが知っている──遠足のMVP」を皆に書いてもらうことを恒例としている。目立った者はもちろん，陰で行事をしっかり支えてくれた人たちを皆で確認しあう。クラス全体に「ありがとう」のやさしい気持ちがあふれ出る瞬間である。いくつかを公開したい。

●焼きそば名人MVP！　はこの2人～Aくん，Bくん
・めっちゃおいしかったから。
・やきそばおいしかったです。
●BBQのMVP～Cさん&Dさん
・川で遊んでて帰ってきたら，めっちゃうまい焼きそばを作ってくれていた。
・準備やあとかたづけをやってくれてすごく助かった。
・バーベキューのときに優しくしてくれてうれしかった。
●「火をつけるMVP」「ガッツあふれるMVP」～バスケくん
・自分の班の火をつけたらその後，他の班の火をつけてまわったからです。
・火をつけようと手を燃やしてまでがんばってた。ぼくたちが川を見に行っている間，文句ひとつ言わずかたづけをがんばってくれたのですごく助かった。
●まわりをみられていたMVP～Eさん
・カメラを持っていろいろまわったり，一番いろんな人としゃべって盛りあげてくれた。
●最高得票！　「遠足委員としてがんばったMVP」「バスレクのMVP（4票）」「盛りあげMVP（2票）」「川のMVP」～野球部・ダイくん
・バスレクも全力で盛りあげてくれたし，玉川峡も一緒にパソコンで調べてくれたり，とりあえずダイのおかげで盛りあがった部分がいっぱいあった。

第Ⅱ部　特別活動における教師のしごと

　（^O^）いえい
・バスレクも前に出てがんばってたし，川の飛び込みも一回転してたし，みんなの盛りあげ隊長やった。ダイちゃん，お疲れさま（笑）
・バスレクとか，その場の盛りあげはやっぱりダイ！！！！最高（ほか多数）
●……で，「バーベキューのMVP」「遠足のMVP」〜全員！！〜
・班の人がお肉食べてや，とか言ってくれた。いろいろ気つかってくれた。というか，めっちゃ親切にしてもらえた。
・準備もテキパキできたし，後かたづけも早いしきれいだった。みんな最高！

　さあ。次は体育祭，そして文化祭も，楽しみたい。そう，このクラスで。

【追記】
　「遠足ぜったい休む宣言」をしていたサナエさんから，卒業式目前に以下の「手紙」をもらった。
　〈以下転載〉
　１年間ありがとうございました。
　初めの頃は６組がいやで転校したいと家族に毎日のように言ったり１人で泣いていたりしました。
　（中略）
　私はこの高校生活最後の一年で本当に信頼できる友達と出会えました。そして夏ぐらいから私は６組でよかったと心から思うようになりました。
　文化祭で６組のみんなに支えてもらい気づいたことが１つあります。たぶん初めからなのですが，６組のほとんどの人が男女かまわず私のことを「サナエちゃん」と呼んでくれていることです。それに気づいた時，私は本当にうれしかったです。みんなとの距離が近づいていたことに気づきました。佐藤先生の生徒になれて私は本当にうれしいです。先生には私の知らないところでたくさん支えてもらっていることに本当に感謝しています。
　先生にずっと伝えたかったので書かせてもらいます。
　私は６組のみんな，佐藤先生，副担任Ｆ先生が大好きです。（後略）

※当稿は前任校での実践である。

第9章 高校の実践 遠足で試行錯誤

〈もっと読んでみよう〉

以下は筆者がかかわっている研究会が編集

おまかせHR研究会編　2012　『スキマ時間の小ワザ100連発』学事出版
　　⇨学校に余裕が失われてきた感のある昨今，意識的にいろいろな場面で生じる「スキマ時間」を使い生徒同士の交流を図る必要がある。5分，10分の積み重ねでクラスの雰囲気がどんどん変わる「小ワザ」を満載。

おまかせHR研究会編　2008　『ザ・遠足』学事出版
　　⇨「文化祭の成功は遠足から」をモットーに，1年間を見越し春からのクラスづくりを意図した遠足～準備から当日まで～を詳説。

おまかせHR研究会編　2007　『教室のピンチをチャンスに変える実践のヒント100連発』学事出版
　　⇨授業，ホームルーム，生徒指導，行事等，各場面におけるさまざまなタイプの教師の事例を掲載。同じ事象に対しても，各教師の個々のキャラクターや方針によってアプローチの仕方が変わってくる……自分なりの"型"を見つけるのに役立つ。

大阪高生研編　2006　『先生の元気のモト』青木書店
　　⇨「24時間闘えないフツーの教師」たちによる，笑いあり，涙ありのハートウォーム教育実践書。行事やクラス活動各場面のリアルなやりとりを詳述。

〈考えてみよう〉

【Q1】生徒たちが行った班分けに「不正」が認められたとき，担任としてあなたならどう対処するだろう。(138頁参照)

　A：くじ引きに「不正」があったのだから，最初の約束どおり班決めをやり直す。

　B：生徒たちのやさしさから生まれた「配慮」だから，彼らの決定を尊重してこのままでいく。

　C：その他

【Q2】遠足出発時に，☆グループの女子1人（☆さん）がバス移動を申し出てきたとき，担任としてあなたはどう対処するだろう。(140頁参照)

　A：班移動は認めない。そのまま。

　B：D班だけ女子が1人だけになってしまうから，☆さんの申し出（班移動）を認める。

　C：その他

第Ⅱ部　特別活動における教師のしごと

第9章のポイント

　この章では，高等学校での学校行事の一つである遠足の具体的な場面を紹介しながら，特別活動の基盤になる生徒と教師の信頼関係の重要さが示されている。

　本実践のクライマックスは，「バス席移動は認めるべきか」である。ここで注目すべき一つのポイントは，前日のグループ編成において不正が行われたと思われたものの，担任である佐藤が具体的な行動をしていない点である。佐藤は自分が「優柔不断なタイプだし」と述べているが，生徒の方から何らかの動きがあることを期待して「待つ」ことに決めたのかもしれない。当日発生した新たな問題もふまえ，佐藤が下した決断は，生徒たちから思いっきり「意味ワカラン」と言われた方法であった。ここに生徒指導の重要なポイントが示されている。「生徒目線に立ちながらも，別の視点で考える」ということである。生徒同士の対立の上をゆく案を持ち出すことで，生徒の不満を教師側に向けさせる。教師を共通のターゲットにすることで，生徒同士の結束が図られたと見ることができる。行事の成功が目的なのではなく，行事を通した生徒の人間関係づくりを目的としている教師の意図が表れていると言えるだろう。

　しかし，それを強行した佐藤にもそれが最適解であるかどうかは，その時点ではわかっていなかったはずである。きっとうまくいくという楽観も教師には大切だ。一方，生徒の方はどうだったかというと，生徒側もそれが正解であると思っているわけではなかったが，文句を口にしつつも佐藤に従っている。このなんとなくだが担任についていくというところに，佐藤学級におけるこれまでの指導を通した生徒と教師の信頼関係が見て取れるだろう。

　遠足の翌日の振り返りも秀逸である。よく反省会というと，課題ばかりを並べがちだが，佐藤学級の反省会は「〇〇の MVP」を決めるという，良かった点を出し合うものとなっている。遠足の目的はバーベキューのスキルアップではなく，上述したように生徒の人間関係づくりである。だからこそ，友だちのよさを見つけて褒め合う，感謝し合う反省会に意味がある。

　本実践には，学校行事における教師側の意図を明確に持ち，それを基準にさまざまなトラブルに柔軟に対応することの重要性と，決してぶれない指導による生徒と教師の信頼関係の構築が見て取れるだろう。

（中澤静男）

第Ⅲ部
特別活動の展開

第10章
特別活動を通した多文化共生教育

渋谷真樹

> 今，私たちの暮らす社会は，急速にグローバル化し，文化的な多様性に満ちている。そんな時代を生きる子どもたちにとって，さまざまな文化的背景をもつ人々とともによりよい生活や人間関係を築いていく力は，必要不可欠である。では，文化的背景の異なる子どもたちがともに学ぶ教室や学校において，特別活動はどのように展開され，どのような意義をもっているのだろうか。この章では，中国から日本の小学校に転校してきたある少年の経験に即しながら，特別活動を通して，少年がどのように日本の学校の中で居場所をつくっていったのか，そして，まわりの子どもたちがいかに彼を受け入れていったのかをみていこう。

1　多文化共生教育と特別活動

　グローバル化とはなんだろうか。「人やもの，情報が国境を越えてより早くより大量に行き来すること」と教科書的に書いてみると，なんだかよそごとのように感じてしまわないだろうか。貿易会社や航空会社に勤めるのならまだしも，教師を目指す自分にはあまり関係ない，などと感じる人もいるかもしれない。

　けれども，グローバル化は，教育や教師にも大いにかかわっている。今，学校には，グローバル人材育成の大きな期待がかかっているし，そもそも教室の中がますます多文化化している。たとえば，現在，約72,000人の日本人の小・中学生が海外で暮らしており，毎年約1万人の子どもが海外滞在を終えて帰国している（文部科学省，2014）。逆に，日本の学校には約72,000人の外国人児童

生徒が学んでいる（高等学校，特別支援学校等を含む）（文部科学省，2012a）。また，日本語指導が必要な児童生徒は，約27,000人にのぼる（文部科学省，2012b）。さらに，現在，日本人の親から生まれてくる子どもの50人に一人は，もう片方の親が外国人である，国際結婚家庭の子どもたちである。帰国生や外国にルーツをもつ子どもたちを担任することは，いまやけっして稀ではない。

　日本人の両親のもとに日本で生まれ育った子どもたちにとっても，グローバル化は無縁ではない。どのような子どもも，さまざまな文化的背景をもつ子どもたちと同じ教室，学校，地域で学ぶ可能性があるだけではなく，将来的にも，異なる文化的背景をもつ人々と協働しながら生きていく能力が求められている。

　そこで，本章では，特別活動を通した多文化共生教育について考えていこう。多文化社会を生きる力は，教科教育よりも実践的で集団的な特別活動において形成されるのがふさわしい。本章では，中国残留婦人の祖母をもち，小学校3年生のときに来日して，本稿執筆当時，教師を目指して教育学を学んでいた大学院生，李洋さんに登場してもらおう。そして，李さんと李さんのクラスメートとが，特別活動を通してどのような人間関係を築いていったのか，また，どのようにして互いを尊重しながらともに生きていくことを学び取っていったのかをみていこう。[1]

2　特別活動を通した中国人少年の学校適応過程

（1）役割から生まれる集団への帰属感

　小学校3年生にタイムトリップしてみよう。そして，ある日突然，家族で外国に行くことになった場面を想像してほしい。親は詳しい事情は話してくれない。そこで，「旅行へ行く」つもりでついて行ったものの，いつになっても帰る様子がない。じつは，それは旅行ではなく，海外への引っ越しで，じきにそ

　➡1　以下で引用する語りは，李洋さんが奈良教育大学での授業で大学生に語った言葉である。自分の経験や考えを率直に語り，実名での引用を快諾してくれた李さんに心より感謝いたします。

こで学校へ行くことになったら，あなたはどう感じ，どのようにふるまうだろうか。

李さんの日本での生活は，こうして始まった。期せずして通うことになった日本の小学校では，まわりが何を話しているのか，いつ授業が始まるのかもわからなかった。「帰りたい」ということすら，日本語では言えなかった。中国でのメディアや学校教育の影響で，日本人にマイナスのイメージをもっていた李さんは，教室では「鎧を着た」ように身を固くしていた。

物心がついてから外国に移り住む子どもたちは，突然放り出された新しい環境で，大きな不安や戸惑いを抱えている。また，言語などの文化のちがいによって，これまでできたことができなくなってしまい，深い無力感に襲われる。「中国にいたときは，絶対一番（を）とらないと泣きながら帰ってきた」ほどの負けず嫌いの李さんだったが，日本では，たとえ答えがわかっていても，日本語力の不足のせいで，答えることができなかった。

そんな子どもを目の前にしたとき，あなたが担任ならどうするだろうか。李さんによれば，李さんの担任は，「これもやらなくていいよ，あれもやらなくていいよ，テストは別にいいよ」と，課題を免除した。テストや宿題だけではなく，学級や学校での役割も，李さんには与えられなかった。

> 小学校でもいろんな役割というのがクラスであって，僕，ずっとなにもなかったんです，その役割というのが。そしたら，なにか自分はこの教室に必要とされてないのではないかなという，別にぼうっと座ってるだけや，みたいな。みんな委員会があってやってるのに，自分だけなにもしない。…（中略）…「なんで，みんなしてるのに，俺だけなにもしなくていいの」とか，「先生からしても（自分は）別に役に立たないかな」というふうな気持ちが強くなってきて。

来日1，2年目の李さんに役割が割り当てられなかった背景には，日常生活での日本語にも不自由な李さんに，過剰な負担をかけまいとする担任の配慮があったのかもしれない。しかし，そのことによって李さんは，自分は教師から

「役に立たない」と思われていると感じ，クラスへの帰属感も得られずにいたのだ。

そんな李さんの気持ちを知った担任が考え出した秘策は，「黒板消し係」であった。

> 委員会は全部埋まってるんだよね，もう。いまさらどこに入れようかという感じなので，その先生，かなり悩んだみたいだけど，それが黒板消しという，わざわざひとつ作ってくれて。そしたら，黒板消しというだけやけど，めっちゃ嬉しくて，「毎時間できるやん！」と思って。授業が終わるたびに黒板をきれいに消していくというのは，それだけで，俺は誰かにずっと助けられてるんじゃなくて，俺だってなにかやってるんだよ，みたいな。それが，ものすごく自分の中で「必要とされてるんだな」と思いました。

日本語がわからない子どもへの支援ということが言われる。しかし，一方的に支援し続けることは，必ずしも本人の満足や自立にはつながらない。李さんの事例からは，日本語が不自由だからといって課題や役割を全面的に免除することは，子どもの自己肯定感や集団への帰属感を低下させかねないことがわかる。「小学校学習指導要領解説」の「特別活動編」では，望ましい集団活動の条件の一つとして，「一人一人が役割を分担し，その役割を全員が共通に理解し，自分の役割や責任を果たすとともに，活動の目標について振り返り，生かすことができること」を挙げている（9頁）。子どもは，役割をもち，責任を果たすことで，意欲や主体性，そして，集団への帰属感を強めていくのである。

（2）子どもの自主性を引き出す教師

「黒板消し」の役割をきっかけに，日本での学校生活への意欲を高めていった李さんは，5年生のとき，友だちと一緒に新しい部を作り，活動するようになる。

第10章　特別活動を通した多文化共生教育

　　5年生になってからは，友だちと一緒に，自分たちでなにか新しいものを作ろうよ，今まであるものじゃなくて（と思った）。それで，クラス新聞部というのを作って，学校のデジカメで写真を撮って，模造紙に貼って，友だちが書いてくれる。僕は写真を撮る係とか。

　ここで大切なことは，子どもたち自らが，学級生活をよりよくするための活動を見つけ出し，実行した，ということである。クラス新聞部があるから誰かが部員になり，教師に指示されてクラス新聞を作っているわけではない。かといって，教師はたんに傍観していたのではない。

　　実は，それ（クラス新聞部）は僕たちが考えたけど，でも，それにつながったのは，先生がそういう役割をちゃんと与えてくれたから，僕は自分もなにかできるなというふうに思って。それも，すごく僕の中では嬉しかったです。

　この教師は，子どもに役割を与えることで，「自分もなにかできる」という有能感や積極性を育て，子ども自らが「自分たちでなにか新しいものを作ろう」と思えるような土壌を整えていた。「僕たちが考えた」という子どもの思いを教師が受け止め，承認して，かげで支えつつ子どもに実現させたことが，子どもの充足感や自信につながっている。
　特別活動の目的は，自ら意欲をもって社会に参画していく人間を育てることである。特別活動において，教師はあくまでも黒子であるが，個々の子どもと集団全体を見据え，子どもの成長にふさわしい役割を与えたり，適切なきっかけを用意したりすることによって，子どもの自主性の芽を育むことが肝要である[2]。

（3）個性を生かし，ちがいを認め合う教室
　李さんは，中国にいたときから「自信のないことを絶対にしたくないという性格」だったこともあって，日本語でのコミュニケーションにはなかなか積極

的になれずにいた。発音を笑われたことが強烈に印象に残り，日本語は「同じ外国の友だちとだったら使えるけど，日本人の同級生の前では絶対に使いたくない」と思っていた。

そんな李さんに日本語に対する自信を与えてくれたのは，クラスの朝の会の中で担任が仕掛けた「中国語講座」である。

> 朝の会で先生は，「中国語講座」という，そういう枠を作ってくれたんですよ。毎日，みんなに単語を一つ教える。…(中略)…中国語で発音して，みんなも一緒に真似してくれるんですよ。そのときに，一番最初に教えたのが，「ニーハオ」というのを教えたんですよね。クラスの人たちも発音してくれたんです。「下手くそやな」って自分で思って。…(中略)…そのときに僕は，「あれ？ なんでこんな下手くそなんだろうな」(と思った)。というのも，自分は日本語できないというのは，自分が努力不足とか，自分が頭(が)悪いとか，自分ができないというのを悪いというふうに思ってたけど，でも，その瞬間(同級生の中国語を)聞いたら，「あ，そっか。この人たちは日本語めっちゃうまいけど，中国語は下手くそなんだ」というふうに思って，それから日本語を使って隣りの子と喋っても，そんなに恥ずかしくなくなっていったというのがきっかけです。

真面目で完璧主義者だった小学生の李さんは，自分の日本語は不完全であり，それは自分が「努力不足」か「頭(が)悪い」せいだと考えていた。それゆえ，

➡ 2 同じような事例に，mixi を創設した笠原健治氏の学校体験がある。笠原氏は小学校時代，水泳に打ち込み，優秀な成績をあげていたが，進学する予定の中学校には水泳部がないことを知った。そこで，小学校の教師の支援を受けながら，水泳部を開設してくれるように中学校に手紙を書いた。中学校ではそれを受け止め，水泳部を開設してくれた。このことが，自分が望めば新しいものを作り出すことができる，という自信につながり，後に起業する大きなきっかけになった，と笠原氏は述べている(『朝日新聞』2006年10月21日)。中学校の部活動自体は特別活動ではないが(コラム3参照)，子ども自身が要求を組織的に訴え，改善していく，という点で，特別活動の重要な側面と類似している。

たとえある程度日本語ができていても，同級生の前では口に出せずに劣等感をもっていた。しかし，教師が用意した「中国語講座」によって，李さんは，同級生は「日本語めっちゃうまいけど，中国語は下手くそなんだ」という事実に気付く。相手には得意なこともあるが不得意なこともあり，自分にも，不得意なこともあるが得意なこともある。この気付きをきっかけに，李さんは，自分の不完全な日本語を許容できるようになり，同級生に対しても日本語で話すようになった。「クラスメートと話をするというのも，そのきっかけを作ってくれたのも，じつは先生なんです」と李さんは言う。

この「中国語講座」は同時に，李さんの同級生に対しても大きな気付きをもたらしただろう。すなわち，「李さんは日本語は下手くそだけど，中国語はめっちゃうまいんだ」という気付きである。日本語のできない児童生徒は，しばしばできないことだけに注目されがちである。しかし，その児童生徒にも，できることはたくさんある。他の児童生徒にはできないことで，その児童生徒ができることもある。そのことを，この教師は，諭すのではなく，実際に体験させることで子どもたちに伝えている。

「小学校学習指導要領解説」では，特別活動で育成しようとする「個性」とは，「自己中心的な『閉じた個』ではなく，集団から認められ，集団の中で自らのよさをよりよく発揮し，他者と協調できるような『開かれた個』」であり，「個性の伸長」とは，「様々な集団活動を通して，多様な他者との人間的な触れ合いの中で，自他のよさや可能性に気付き，理解し，そのよさや可能性を互いに認め合い，よりよく伸ばし合うとともに，自分への自信をもち，積極的に集団活動に生かしていくこと」であるとしている。個性の伸長と集団活動とは相反するものではなく，「個性は集団の中において伸ばされていくものであり，望ましい集団においてこそ，自己を実現し，自己を創造的に個性化していくことができる」のである（10頁）。

李さんは，その後も，中国文化につながりをもつ自分の特徴を学級集団の中で生かしつつ，クラスでの居場所を築いていく。たとえば，運動会に向けてクラスでオリジナルな応援を考えていた際，李さんは獅子舞を提案し，採用され

て，級友とともに実現した。

　獅子舞は，典型的な中国の伝統芸能である。そのため，中国にルーツをもつ子どもが多く通う学校では，そうした子どもたちの活動として，しばしば取り上げられることがある。しかし，当の中国にルーツをもつ子どもたちは，それを必ずしも歓迎しないことがある。それは，中国に対するステレオタイプとして教師が獅子舞を想起し，それを特定の子どもだけに押し付けようとするからである。たとえ教師は善意でも，同級生が中国にネガティブな感情をもっていれば，子どもはけっしてそれを引き受けようとはしないだろう。そもそも，日本生まれ・日本育ちの子どもや国際結婚家庭の子どもなどは，自分が「中国にルーツをもつ子ども」としてみられること自体を拒絶するかもしれない。

　李さんの事例では，魅力的な応援方法として，李さん自身が獅子舞を思いつき，主体的に提案している。そして，日本人の級友たちは，それを受け入れ，ともに参加している。だからこそ，結果として，李さんは，中国につながる自分を心地よく感じることができたのだろう。

　望ましい集団活動は，すべての人が同質になることではなく，それぞれのちがいを認め，生かし合うことによって成立する。李さんは，日本の同級生とのかかわりの中で，中国にルーツをもつ自分の特性に気付き，同級生がそれを受け入れることによって，自信を深めた。そして，自分のよさや可能性を，学級や学校生活の中で積極的に生かすことができるようになったのである。

（4）生徒会活動によるリーダーシップの育成

　さて，小学校を卒業する日，李さんの担任は，クラスの一人ひとりに言葉を贈った。李さんに贈られたのは，「なんでもいいから思ったことをチャレンジしなさい」という言葉だった。それは，外国人ゆえに，なかなか一歩を踏み出せずにいる李さんを見抜いての言葉だったのかもしれない。

　その言葉は，中学校入学後すぐの学級会で，李さんの心によみがえった。その日は学級委員を決めていたが，なかなか決まらず，「決まらないと帰られへんで」と担任がプレッシャーをかけるほどの硬直状態に陥っていた。そのとき，

李さんは一番後ろの席に座り，学級委員など「絶対に自分にあたらんから俺は関係ないや」と決め込んでいた。一方で，中国にいたときには学級委員をやっていたことを思い出し，日本に来てからは「なんで自分はあたらんのやろうな。自分はできないと思われてるんかな」と，ひとり想いをめぐらせてもいた。卒業式の担任の言葉がよみがえったのは，そのときである。

次の瞬間，李さんは，「先生，学級委員やります！」と，手を挙げていた。同級生は，驚きと安堵の混じったような顔で李さんを眺めていた。「これは，自分を変えるチャンスだ」。李さんは，そう感じていた。

多くの小学生にとって，学級委員は名誉なことである。重責だとは思うものの，どこか誇らしくもあるだろう。ところが，中学生になると，思春期特有の斜に構えた心持ちもあって，なかなか積極的に立候補する者は出てこなくなる。まして，入学直後でまだよくお互いを知り合っていない状況では，立候補する強者は出てきにくい。そんな張り詰めた空気の中で，李さんの背中を押したのが，小学校での卒業式に担任が贈ってくれた言葉だった。一人ひとりの子どもをしっかりと見つめ，その子どもの糧になる言葉を適切なタイミングで贈った教師の力量と言えよう。

学級委員に立候補してからの李さんは，水を得た魚のように，生徒会活動を中心にした学校生活を充実させていった。他の生徒と協力して学級の目標やルールを決めたり，学年の代表になったりした。2年生のときは，生徒会執行部に立候補した。「先生もクラスもみんなで応援してるからな」と励まされ，担任が作ってくれたタスキをつけて選挙活動をした。そして，見事，生徒会長に当選し，その大役をつとめていった。

生徒会活動は，将来社会に出ていく生徒たちが実践を通して民主主義を学ぶ，貴重な機会である。同時に，生徒が集団の中での自分の役割を認識し，有能感を得る機会でもある。一連の生徒会活動を通して，李さんは，「外国人だけどできる」，「頑張ったら日本人と同じぐらいの立場になれる」という有能感を強めていった。教師や同級生が自分を認めてくれている，応援してくれている，という思いは，李さんに大きな自信や原動力を与えてくれた。そして，李さん

第Ⅲ部　特別活動の展開

は、日本に来て以来、内気になってしまった小学校時代の殻を破って、大きく成長していった。

> 外国人やからとか、自分はできないとかではなくて、僕も頑張ったらできるって。…（中略）…もし、そこで、「いや、ちょっと無理じゃない？」と言われたら、多分、一生、人前で喋れなかったと思うし、そういう何かやりたいとか、自分はこうしたいとかいうのも、多分言えなかったと思う。でも、そこ（自分の通った中学校）は、本当にみんなどんどんどんどん応援してくれるようなところだから、人前で喋ることも別にそんな苦ではありませんでした。

李さんは、生徒会長という役割を担い、学校生活をよりよくしていく経験の中で、「人前で喋る」力や、「やればできる」という自信、支えてくれる周りへの信頼感や感謝の気持ちを得た。それらは、リーダーとしての大切な資質であろう。

（5）異年齢集団からの学び

特別活動の特徴の一つは、学級や学年を越えた集団での活動である。とりわけ異年齢集団での活動は、子ども同士でのさまざまな学びをもたらす。李さんの場合も、生徒会の先輩からおおいに刺激を受けている。

> 生徒会がやることっていうのが、ものすごいいろんなことがあって。学校のルールとかスローガンを決めたりとか。「次なにをするのか」と会議をし出すと、本当にクラブみたいな感じのところがあって。先輩たちも、すごい先生と堂々としゃべってるんだよね。今度こういうことをするとか、あと、部活の部費を決めるとか、そういうのもあったから。「格好ええな。学校運営してるんだな」というのがあって、自分も入ったときに、自分も絶対こういうことをしたいとか思って、ずっとそれに力を入れていました。

「先生と堂々としゃべって」、「学校運営」をしている、自主的で行動的な先

輩たちの姿が，李さんに，「自分も絶対こういうことをしたい」という強い気持ちをおこさせている。このように，憧れ，憧れられる関係の中で，子どもたちは成長していく。同時に，年長者の後ろ姿を年少者が見て育ち，その姿をより年少の者が見て育っていく，という連環によって，その学校特有の文化が継承されていくのである。

3　多文化共生教育における特別活動の意義

（1）マイノリティの子どもにとっての意義

　それでは，こうした特別活動を通して，中国からやってきた李さんと，李さんのクラスメートは，何をどのように学んだのだろうか。彼らにとって，特別活動は，どのような意義があったのだろうか。

　まず，日本語の不自由だった李さんにとって，特別活動は，言葉以外で表現できる実践的な活動である点で貴重であった。当然のことであるが，日本語力が不十分な子どもたちも，伝えたいことやできること，得意なことをたくさん抱えている。けれども，一斉授業が中心になりがちな教科学習では，そうした子どもたちの声は，どうしてもかき消されがちである。言葉ができないがために，自分の能力や存在までが忘れ去られてしまいそうだった辛さを，李さんは，次のように表現している。

> 結局，誰かに認めてほしいという気持ちはずっと強くて。それはだって，自分の国にいたときというのは，喧嘩したいときとかも，先生に言いたいときも，別に悩まなくても自分の言語で話できるんだよね。今こうしたい，立候補したい，自分は何々の委員をやりたいっていうのを，ずっと発信できるけど。でも，日本に来てからというのは，そういうなのができないから。その分，できない，自分はなにも喋れないけど，自分は透明人間じゃないんだよ，それをもっと気付いてほしいよというのがすごくあって。あと，自分を認めてほしいんだよというのが，どこかにそういうのがすごい

強くて。

　李さんに担任が用意した「黒板消し係」や「中国語講座」が象徴するように，特別活動では，担任の工夫次第で，さまざまな能力・資質の子どもに役割や活躍の場を与えることができる。単一の基準で序列化するのではなく，それぞれの子どもの独自のあり方を集団の中で輝かせ，生かす工夫が大切である。

　そうした担任の配慮のもとで，李さんは，個性を伸ばし，かつ，集団への帰属意識を獲得することができた。さらに，主体的に学んだり生活したりする意欲を高め，自主的に集団に貢献していった。

　外国につながる子どもたちに限らず，教科学習ではなかなか活躍できずにいる子どもたちは少なくない。そうした子どもたちも，学級，学校，ひいては，社会において，果たすべき役割をもつかけがえのない存在であることを経験させ，実感させる場が，特別活動である。

> 「このクラスに必要だよ」ということは，ものすごい大事かな。それは別に外国の子どもとかじゃなくて，日本の学校の生徒児童にも当てはまるのではないかなと思う。勉強ができないからとか，運動ができないからとか，そういうのではなく。だから，もう「必要ない」とか，絶対その子は思ってるはずだから。自分は周りの子よりできない，と思ってるから。でも，そうじゃなくて，「それでもあなたは，このクラスからすれば，すごく大事な役割があるんだよ」というのを，先生がうまくそうやって与えるのが，すごいその子からすれば重要ではないかな，というふうに思います。

（2）クラスにとっての意義

　紹介したさまざまな特別活動の実践は，李さんのクラスメートにとっても，さまざまな学びをもたらしたはずである。李さんという新しいメンバーを，日本語のできない，係活動のできない，劣った存在ととらえるのではなく，中国語のできる，毎時間黒板をきれいにしてくれる，大切な仲間として迎え入れることは，その第一歩である。そして，李さんという人格を理解し，受け入れ，

交流して，獅子舞の応援やクラス新聞部など，新しい学校行事や係活動をともに作り上げていったのである。

誰かが排除されたり辛い思いをしたりしている状態が，望ましい人間関係でないことは，言うまでもない。現代の子どもたちは，「空気を読む」ことに過剰に気を遣っていると言われる。のけ者にされることをおそれて，過剰に同調しようとする傾向もある。そうではなくて，一人ひとりのちがいを認めあい，それを生かし合うのが，望ましい集団活動であろう。李さんという新しいメンバーを加えた集団の特別活動は，ちがいを承認し，異なる者同士が共生していくための大切なレッスンだったにちがいない。

グローバル社会に生きる子どもたちには，多様な人々との交流体験がぜひとも必要である。学級に外国にルーツをもつ子どもがいる場合に限らず，地域に留学生や外国籍住民の方がいる場合は多い。また，高齢者や障害のある方々なども，異なる生き方をもつ，社会の重要な一員である。特別活動では，こうした方々との交流の機会を積極的に用意して，児童生徒が多様な人々と認め合い，共生していける能力を高めていくことが重要である。

学校における教科外の教育は，近代国家の成立期においては，国民形成のための重要な手段であった。しかし，グローバル化が加速する今，国境を越えた交流が日常的になっている。教室には多様な文化的背景をもつ子どもたちが机を並べ，多文化的な社会へと巣立っていく。今日の特別活動においては，多様な他者と共存できるグローバルな市民性を育成することが必要になっているのだ。

〈文　献〉

文部科学省　2012a　「学校基本調査」

文部科学省　2012b　「日本語指導が必要な児童生徒の受入れ状況等に関する調査」

文部科学省　2014　「海外で学ぶ日本の子供たち――わが国の海外子女教育の現状」

第Ⅲ部　特別活動の展開

〈もっと読んでみよう〉

山脇啓造・横浜市立いちょう小学校編　2005　『多文化共生の学校づくり——横浜市立いちょう小学校の挑戦』明石書店
　⇨横浜市立いちょう小学校（現・飯田北いちょう小学校）は，外国につながる子どもが過半数に及ぶ，きわめて多文化的な学校である。そうした学校が，学級活動や学校行事を通して，外国につながる子どもたちを支え，育てていくようすが，校長や教員，PTAなどさまざまな立場から描かれている。

川上郁雄　2010　『私も「移動する子ども」だった——異なる言語の間で育った子どもたちのライフストーリー』くろしお出版
　⇨複数の文化や言語の中を渡り歩きながら育ったミュージシャンやタレントなどへのインタビュー集。マルチカルチュラルな人々が学校の内外でどのような体験をして，どのように感じ，考え，行動してきたのかを，当事者の視点から等身大に語っている。

〈考えてみよう〉

　本文中の李さんは，幼少期は中国で暮らし，中国語が身についてから日本にやってきた。しかし，今，日本では，外国にルーツをもちながらも日本で生まれ育った，日本語しか話せない子どもたちが増えている。中には，自分と外国とのつながりを隠したり否定したりする子どもも少なくない。そんな子どもたちに誇りをもたせ，ちがいを認めあえる集団をつくるために，特別活動ではどんなことができるだろうか。

コラム4　海外・帰国子女と特別活動

山岡 荘平

　教育は人なり，誰もがうなずけるところであろう。
　特別活動は教科の学習を始め学校生活のすべての教育活動の礎となる取り組みである。その活動において教師が子どもたち一人ひとりの生活背景を知り，理解しながら実践することの大切さは周知のとおりである。教師が広い視野を持って温かい視線を子どもたちへ向けることで，「望ましい人間関係」や「自主的，実践的な態度」を育てるという目標達成に近づくことができる。学校生活すべてが実践の場であるが，教師の無頓着から大事な場面であることに気づかないことがある。気づく感性は磨くものだが，感性を磨くとは，子どもを見る視点の引き出しをより多く持つことである。その一つに海外子女・帰国子女にかかわる視点もあることを知ってもらいたい。
　昨今，グローバル人材育成の必要性が叫ばれている。文科省が2018年までにIB（インターナショナル・バカロレア）のカリキュラム認定校を200校にするという目標を発表したのはまさにこのことを意識してのことであろう。
　あなたは帰国子女と聞いたときにどのようなことを思い浮かべるだろう。
　帰国子女は海外での生活経験者という点での共通点はあるが，その生活の様子は個々によって大きく異なっている。
　海外での学習環境は主には日本人学校，現地校，国際学校に分かれる。
　日本人学校は文部科学大臣から，国内の小学校，中学校または高等学校と同等の教育課程を有する旨の認定を受けており国内の学習指導要領に則った授業を行っている。
　現地校は本来その国の国民が教育を受けるための施設である。教授言語は当然その国の言語である。
　国際学校は個人や教会，法人等の資力や意志によって設立され，国籍を問わず誰でも受け入れることを目的とした学校である。

受けてきた教育環境や制度だけを見ても，海外からの編入生を「帰国子女」という大きな枠で捉えることが間違いであることに気づいただろう。

帰国子女は親の都合で渡航し，文化の違いに戸惑いながら言葉の壁を乗り越え，その文化を受け入れ，充実した生活を築こうと必死で努力してきたのである。帰国後，そのようにして身についた異文化の体験を理解してもらえず，「日本の文化ではないから」と否定され，日本の学校へ適応できなかった例は少なくない。しかもそのきっかけを作っているのが意外と教師であることが多い。

海外で暮らすとすぐに英語を話せるようになってうらやましいと思いがちだが，じつはそうではない。英語圏で暮らしても日常会話を不自由なく使いこなせるのには，少なくとも3年，授業で使われる学習言語を習得するまでにはさらに2～3年は必要との研究結果がある。いわんや非英語圏で生活した子どもに安易に「外国から帰ってきたのなら，みんなの前で，英語であいさつしてごらん」と求めることが，本人にとって計り知れないほどの苦痛になることもある。

一方，帰国子女が自然な形で適応でき，当たり前のように学級の仲間と共生できるようであれば，その学校がたんに帰国子女への配慮ができているだけではなく，すべての子どもたちにとっても，普段から素晴らしい学級・学校経営がなされている証しでもあろう。そのような学級・学校では帰国子女の異文化体験を大いに生かすことができ，そのことによって多くの子どもたちの視野も広がりグローバルな人材育成へと結びついていくことになるであろう。

帰国子女は多くの異文化体験をしている。日常の買い物でも店先に置かれている商品の種類や並べ方，店員の接客の仕方，交通手段等すべてが異文化体験である。

日本人学校でも特別活動にかかわる学習場面はじつに豊富である。多くの日本人学校は小学校と中学校が併設されている小中連携校である。私の勤務した日本人学校3校も子どもたちはスクールバスで登下校を行っている。バスの中では9年もの年齢差がある縦割り集団になる。ときには小学生も中学生の会話

コラム4　海外・帰国子女と特別活動

に入れてもらって，誇らしげに意気揚々とする。中学生は小学生の言動に気を配り，ときには笑い流し，ときには説いて聞かせることもある。それは現地人の運転手さんへのあいさつの仕方であったり，出迎えてくれる先生や学校のガードマンへの感謝の気持ちを伝える指導であったりする。まさに集団活動の日常化である。

　子どもたちはほとんどが編入生，だから途中から学級に加わる不安な気持ち，異国での生活による緊張の連続という思いも，お互いに理解しあえる。これらの体験が自然と他の人を思いやれる気持ちの醸成につながっていると考えられる。

　日本人学校には学習発表会，運動会，卒業式，現地校や外国人学校[1]との交流，地域への奉仕活動，その国の食材を使った食育に及ぶまで，特別活動の学習場面がふんだんにある。それらのどの場面においても少人数であるがゆえに，一人ひとりがなくてはならない存在であることを自覚するようになり，学校生活の中で自分が大切な構成員であることを，自他ともに感じるようになってくる。このことが帰国子女特有の自主性と積極性が身についてくる要因でもある。しかしその裏には海外で生活していることでの苦労も多い。

　たとえば学習発表会，これは保護者への発表と同時に現地の子どもたちへの日本文化紹介の場にもなる。イスラム圏では男女共学でない学校が多いため，招待校の選択が難しくなる。授業等の交流でも服装の違いから教科の制約もある。ましてや食べ物を通しての交流を計画する場合は，食習慣の違いにはとくに配慮が必要となる。もう一つ例をあげてみよう。多様な目標を持って宿泊的行事を計画することがある。その場合も日本のように既成の施設はない。かといって公園でテントを張ることもできない。治安や保健上の問題があるからだ。飲み水の確保だけでなく，サソリ等の毒虫にも注意をはらう。保護者や地域の方の"つて"を頼って場所を確保するところから始まる。寝具も各自が家から持ってくることになるが，それを運ぶ計画も必要だ。食材の調達も日本のスー

➡1　日本人学校のように外国において，自国の教育を行う学校。
　　（例）フランス人学校，イギリス人学校等。

パーで買うようなわけにはいかない。一つも気を抜けない状況である。だからこそやり終えたときは教師も子どもも，言葉では表現できない程の充実感を味わうことができる。集団の一員であることを実感できる重要な場面になる。

　子どもたちが学習や行動で意欲を発揮する原動力は，自分の存在が認められるときに生まれてくる。子どもたちにこの意欲を生み出す原動力を育むのは特別活動によるところが大きい。特別活動の教育意義を自覚し，学級・学校経営のさまざまな場面での課題に対応できる感性を磨くことが大切である。その点から帰国子女の体験を生かそうとする視点を持つことは教師としての力量に大きくかかわってくると考えられる。

第11章
特別活動における学級討論づくりの視点と方法
―― 「個と集団」に関する理論と実践展開方法 ――

片 岡 弘 勝

　本章は，学級討論づくりの視点と方法に関して試論を提起する。それは，特別活動で重視される自治的諸活動を通した自治的能力の形成に有効な教育実践のあり方を追求するものである。具体的に言えば，〈個と集団の緊張関係〉が生み出す，児童・生徒の意見・意識の「ゆらぎ」体験を成長・発達に結びつけることを企図した一つの試論である。

1　はじめに――特別活動をとおした自治的能力の形成に向けて

　特別活動をとおした学校教育実践では，児童・生徒の自治的諸活動の指導が重視される。その指導の主なねらいは，自治的能力の形成である。それは，社会の構成員がその自由を保障された上で自主的主体的に社会の諸活動に参画し，民主主義のルールと価値が浸透した社会秩序を創り上げていく自治能力の基礎となるものである。

　民主主義社会においては，自由と自治は社会の構成員がつねに考え，追求し，担っていくことを求められる課題である。児童・生徒も，社会の中の客体ではなく，主体として自らの自由と権利を主張しながら，主体的に社会づくりに参画していくことが期待されている。このため，学校・学級生活においても自治的諸活動の経験を積み重ねて，学習を深めていくことが重視されている。しかも，学校教育実践においては，自治的能力の形成は，集団づくりの過程の中で追求されるものである（以上の内容は，鈴木（1988），近藤（1988）を参照しながら記述した）。

ところで，自治的諸活動とその指導過程では次の二つの点が問われることになる。一つは，社会（集団）の秩序を主体的に創造していく諸活動において，社会構成員の自由と主体性をどのように保障していくか，という点である。もう一つは，その逆の方向から，社会構成員の自由を保障し構成員相互の質の高い関係性を築くことが可能となるような社会（集団）の秩序をどのように創っていくか，という点である。ここでいう〈個の自由〉の見地と〈集団の合意（規範）形成〉の見地とは，実際上は，なんらかの努力を行うことなく，前提なく予定調和することはないか，稀である。これら二つの見地は，理論としては，相互に対立する緊張関係を内包するものであるからである。本章では，これを〈個と集団の緊張関係〉と表現する。

　児童・生徒は，学校・学級生活の諸活動の中で，これら二つの見地の緊張関係（対立・葛藤）を肌で実感しながら学びつつ，二つの見地を実際場面で調整し，統合する経験を積み重ねて，成長していくことが期待されている。児童・生徒がこうした試行錯誤を積み重ねてこそ，教師はそのために有効な教育指導を積み重ねてこそ，自治的諸活動を通した自治的能力の形成は，実質的で，実効性を備えることが可能となると思われる。

　以上のことを考えるならば，児童・生徒に自治的諸活動を体験させる特別活動においては，教師はこれら二つの見地の緊張関係（対立・葛藤）を念頭におき，その多様な指導の選択肢と可能性を想定して教育実践を行うことが重要になる。本章は，このような観点に立ち，特別活動における学級討論づくりのあり方に関する一つの試論を提起する。

2　自治的諸活動・学級討論場面と連動する〈自由と民主〉をめぐる理論的見地——リベラリズムと民主主義の間の緊張関係

　本節では，まず，前に述べた課題を考える上で有効な一つの学問的提起をとりあげて，考えることにする。

　それは，法哲学者である井上達夫氏が「《人間が豊かな共生社会》の政治的

条件」をも考察した「第一章　天皇制を問う視角——民主主義の限界とリベラリズム」(井上, 1992) という論文で展開されている (101-108頁)。

　この論文には,「多様なものが自由かつ平等に共生し,《関係の豊かさ》を享受する社会」を実現するための「根本的な政治的条件」として, 民主主義のみならず,「リベラリズムの精神と実践の成熟」の必要性を主張した文章がある。井上氏のリベラリズム論・自由論や正義論は, 独創的な立論であるため, さまざまな議論を呼び起こしている。筆者は, 必ずしも井上氏の議論のすべてに賛同する立場ではないが, 本章がとりあげる〈個と集団の緊張関係〉および〈自由と民主の緊張関係〉の問題について, 一人ひとりが熟考し, 自らの思想と行動を確かめ, 実践していく上で避けることができない思考の枠組みが提起されている。その枠組みは, 一人ひとりの主権者が自らの思想と行動の基本的方向性を試行錯誤しながら主体的に自治能力を形成していく過程を, 教育実践の見地から考えるために参照する上では, 有効性を持つものである。しかも, 後述するように小学校6年生の修学旅行に持参するお小遣いの金額をめぐる学級討論の展開場面を例示している点からも, 特別活動のあり方を考える題材としての有効性に着目した。

　井上氏の文章で提起されている「リベラリズムと民主主義」をめぐる論点の要点は次のとおりである (井上, 1992, 101-103頁)。

・井上氏は, この文章で理想とし肯定的に提案する社会を《人間が豊かな社会》と表現する。それについては,「《関係の豊かさ》を基本とし, これを人々が享受しうる限りで, またこれを享受するための条件として《質の豊かさ》を求める社会である。多様な生の諸形式が互いに他を抑圧・排除することなく, 人々によって自律的に発展させられながら共存し交流するよう配慮する《共生社会》こそ,《人間が豊かな社会》である」と規定する。
・このような社会を実現するための政治的条件として,「民主主義は必要条件の一つになっても, それを根本的な政治原理の地位に置くことはできない」, 民主主義に基づく「民主的意志決定そのものの射程を限界づける政治哲学」す

なわち，何を決めるのかという意志決定の主題について民主主義を限定・制約する哲学として，リベラリズムの必要性を主張する。なぜなら，井上氏によれば，民主主義とは「誰が統治するのか」という主体の問題にかかわり，「人民自身が」「自分たちが」という回答をめぐって議論が行われる。他方で，リベラリズムとは，「誰が統治するにせよ，統治権力は，そもそも何をなしうるのか」という問いにかかわり，「『自律的人格としての諸個人の，自由対等な共生の条件の確保に必要なことを，そして，それだけを』と答える」ものである。

・「《人間が豊かな社会》が《関係の豊かさ》を享受するためには，対立する諸利益を調整するルールづくりが必要である。そのためには，集合的決定，すなわち反対者をも含めて，当該社会の全構成員を拘束する決定が必要である。多様なものの自由かつ対等な共生という，この社会の理念に最も適合的な集合的決定方式は，やはり民主主義である。特に，参加民主主義の活性化は重要な課題である。」

しかし，「民主主義は治者と被治者との同一性の原理として語られるが，これは虚構であり，その実相は多数者による少数者支配である。この虚構と実相とのずれに，民主主義の根源的な苦悩がある。このずれを最小化あるいは隠蔽するためには，集団内部の同質性，あるいは，同質性の擬制を強化することが必要になる。そのため，民主主義には対立を包容する傾向と同質化を強める傾向とが，共に内在している。従って，多様な生の諸形式の，また，多数者と少数者との，自由かつ対等な共生を求める《人間が豊かな社会》の理念と，民主主義とは，提携できるが決して予定調和の関係にはなく，原理的な緊張関係をも孕んでいる。このことに私たちは目を閉ざしてはならない。」

以上のような井上氏の主張の要点を筆者の言葉を交えて換言するならば，次のように整理される。社会（集団）の構成員のすべてを拘束するルールづくりが不可欠であり，現時点では，それは「みんなで決める」という民主主義の理念が最も適合している。しかし，多数者による少数者支配となる実相は無視してはならない。構成員の多様性，さまざまな背景を有するマイノリティの利害

や構成員相互の関係性の豊かさを重視するならば、「みんなで決めるとしても、いったい何を決めるべきなのか、決めることができないものは何か」という主題にかかわって、民主主義的意志決定を限定・制約するリベラリズムの精神と実践もまた不可欠となる。すなわち、「みんなで決める」とはいえ、「みんなで決めてよいことと、よくないことがある」という柔軟な精神と行動が重要である、という主張となる。

　井上氏はこうした「民主主義とリベラリズムとの関係を鮮明に浮き上がらせる、単純にして本質的な例がある。『社会の縮図』としての学校が、それを提供してくれる」と述べて、後述する小学校6年生の修学旅行のお小遣いをめぐる学級討論場面をとりあげている。なお、本章では、以下、この「リベラリズムと民主主義」の関係を〈**自由と民主の緊張関係**〉と表現することにする。

3　修学旅行のお小遣い金額をめぐる学級討論の展開事例
　　──自治的能力の形成に向けた教育実践の見地から考える

　本節では、井上達夫氏が前記した文脈でとりあげている修学旅行のお小遣い金額をめぐる学級討論の展開事例（想定）について、実際の教育実践に引きつけて考えることにする。

　その概要については、次のとおりである（井上, 1992, 103-105頁。鉤括弧の中の文章は、すべて出典からの引用のままであり、字体も出典ではすべてゴチック体である。丸括弧内の文章は引用者（片岡）による補足説明である。なお、概要抽出のため一部を省略した）。

　　・小学校6年生のある教室で、修学旅行に持参できるお小遣いの金額をクラスで討論する場面である。
　　・金額を教師が決めたのに対して、児童たちが不満を述べて、クラスで話し合って金額を決めるという想定場面である（読者には、このような決め方を採用している小学校が存在するのかという疑問を持つ方がいるかもしれない。しか

し，筆者が奈良教育大学の「特別活動の理論と方法（初等）」（2013年度まで「特別活動の研究」）という授業の受講学生（例年約90名）に尋ねると，ほぼ毎年1～2名がほぼ同様の体験を持ったという情報を得ることができた）。

・クラスで議論をしている最中に，一人の児童Zが，金額についてクラスで決めることに疑義を出し，下記引用のとおり，各々自由に持参すればよいことにしようと発言した。

・以下は，その後の展開であり，すべて前掲出典からの引用である。

『どうして，みんなのお小遣いを，同じに決めなくちゃいけないの。どれぐらいが多すぎて，どれぐらいが少なすぎるかは，人によって，またその人の家族の事情や方針によって，違うんだから，他の人がどれだけもって行くかなんて気にせずに，めいめいが自分で適当だと思う額だけ，もって行けばいいじゃない』

Zの発言に対して，学級委員のAが反論した。『それだと，もってきたお小遣いが他の人より少なかった人は，家が貧乏だとかケチだとか思われて，恥ずかしい思いをしたり，他の人を羨んだりするだろう。反対に，他の人よりたくさんもってきちゃった人は，みんなに妬まれて，いやな気分になるし，仲間外れにされるかもしれない。みんな同じ額にするように決めておけば，こういう心配をしなくたってすむじゃないか』Aの反論にクラスの圧倒的多数が共鳴し，『そうだ，そうだ，Zは分かっちゃいないよ』という声が，教室に響きわたった。

Zは，思わずたじろぎそうになったが，気持ちを奮い立たせて応答した。『お小遣いの額を他の人のと比べて，恥ずかしがったり，妬んだりする方が，おかしいんじゃないの。大切なのは，何のために，お小遣いを使うのか，自分でよく考えることでしょう。たくさんお金をもって行っても，ゲーム・センターで全部使っちゃって，後悔する人もいれば，少しのお金で，いい思い出を作ったり，すてきな贈り物になるものを，見つけたりする人もいる。額なんて決めない方が，みんな自分の責任で，なんのために，どれだけお小遣いが必要なのか，よく考えて計画すると思う。それに，この方が，額を決めたときよりも，

第 11 章　特別活動における学級討論づくりの視点と方法

みんな，もっといろんなことができるから，こういうお金の使い方は感心できないなとか，ああ，こんな使い方もあったんだとか，他の人からも学べることが多くなる……』

　このとき，Ｂが Ｚ を遮（さえぎ）って言った。『やっぱり，不平等だよ。お小遣いの多い人と少ない人に分かれちゃうんだから』Ｚ はＢの方を向いて答えた。『お小遣いの額が同じなのが平等だっていうのは，変じゃないかな。この旅行のために，ずっと前から貯金をして，自分の計画をあっためてきた人とか，いろんな人がいるでしょう。額を決めちゃうと，せっかくの計画が実現できなくなる人だっているよ。計画の違いを無視して同じ額を強制するんじゃなくって，みんなが自分の計画を自由に実現できるようにするのが，本当の平等だと思う』」

　［ふりがなは原文のまま―引用者］（井上氏は，この引用箇所の直後に，「この例の第一段落［学級討論を始めた経緯および最初の児童 Ｚ の発言まで―引用者］は，ＮＨＫ教育テレビが放映した，ある子供向け番組の一コマを少し改訂したものであり，第二段落以下は，ありうべき展開についての，私の想像の産物である。」と述べている（井上，1992，105頁）。）

　井上氏がとりあげた学級討論の場面展開は以上である。井上氏は，次のように解説を加えている。

　「この例で，先生がお小遣いを一方的に決めたのに異議を申し立て，自分たちで議論して決めようとした子供たちは，民主的精神を体現している。しかし，先生の決定に対する子供たちの民主的批判は，集合的決定の主体が生徒たち自身でないのは不当だ，という点にあり，そこにとどまっている。決めるのが先生であれ，生徒集団であれ，そもそも，お小遣いの問題を，集合的決定の対象にするのは不適切ではないか，という問題を提起した Ｚ の批判的発言に，リベラリズムの精神が体現されている」（井上，1992，105頁）

　リベラリズムの精神を体現した児童 Ｚ の発言のキイワードは，「自分でよく考える」「みんな自分の責任で，なんのために，どれだけお小遣いが必要なのか，よく考えて計画する」「自分の計画を自由に実現できるようにするのが，

本当の平等」である。自立的で自律的な，いわば「しっかりと自分の考えをもった」児童のイメージが鮮明である。しかも，少数者として描かれている。

　他方では，学級委員 A や B として描かれている児童については，「金額を同じにすればさまざまなトラブルを未然に防ぐことができる」「金額の多寡が出るのは不平等」，したがって，「同じ金額を全員に強制する方が平等であり，トラブルも発生しないですむ」という旨の発言にみられるとおり，学級の穏当な秩序を重視する者というイメージが描かれ，それらが多数者であることも示唆されている。

　「みんなで決める」という「民主的決定の名においても侵害できない個人の基本権，を承認するか否か」（井上，1992，106頁）という前述した〈自由と民主の緊張関係〉（＝「リベラリズムと民主主義の間の緊張関係」）の核心的な論点が具体的な形で，鮮やかに，しかも学校教育の場面を想定して論じられていることが何よりも注目される。また，そこでは，この〈自由と民主の緊張関係〉が，本章冒頭で既述した〈個と集団の緊張関係〉と連動（密着）して問われていることも注目される。

　とはいえ，この局面の課題を教育実践の場面として引きつけてとらえるならば，当該の児童一人ひとりの成長・発達の状況や学級集団の状況，同一学校同一学年内での方針共有等の諸条件を充分に考慮する必要がある。さらには担任教師の教育観や指導方針が一様ではないため，必ずしも特定の模範解答があるわけではない，と思われる。つねに同じでない一回限りの当該局面に直面して，教師は一人ひとりの児童の成長・発達および学級集団の深まりを期待し，かつ見通して，当該局面にとって最善の教育指導を行っていくことが求められる。

　これらのことを確認した上で，ここでの核心的な論点は，学級のルールを定めるか否かという集団の意志決定に至る過程において，児童たちの自治的能力の形成という教育目標に照らして，どこまで深い思考と討論を体験させることができるか，にあると考えられる。その理由は，「強い個人」とそうでない個人，あるいはさまざまな背景により相互補完を必要とせざるをえない個人がいる場合，また，意志決定の主題（内容）次第では，解決方向として多様な選択

肢の幅が想定されるため，合意をつくるまでに少なくない努力と時間が必要になるからである。その背景には，前述した〈個と集団の緊張関係〉〈自由と民主の緊張関係〉における〈個・自由を求める強度〉あるいは〈集団秩序・民主を求める強度〉の度合いの幅は，各人各々で一様ではないという実際の事情も存在しているのである。

　繰り返しになるが，本章で教育実践論としてこの論点について議論を展開する上では，法哲学・政治哲学の議論との重なり部分をみすえながらも，児童・生徒の成長・発達の相を一層深く考えることが求められる。

4　自治的諸活動としての学級討論づくりの展開方法

　本節では，児童・生徒の自治的能力の形成を展望した自治的諸活動の指導のあり方を考える見地から，「2」および「3」でみた学級討論づくりの視点と方法について私見を述べる。

　その私見をまず結論的に述べれば，前述したような多様な選択肢と意見対立が想定され〈個と集団の緊張関係〉〈自由と民主の緊張関係〉が発生するケース局面で，討論の積み重ねとさまざまな試行錯誤をくぐり抜けてこそ，児童は実質的な意味で自治的能力を形成することが期待される，ということである。この点こそが，教育実践の見地に立って，井上氏の理論的提起から参照すべき焦点である。井上氏の前掲論文の収載書『共生への冒険』のタイトルにある「冒険」とは，教育実践の見地に引きつけて言えば，児童一人ひとりが自治的諸活動を積み重ねる中で，異なる意見・主張に出会い，自らの行動と思考を変容させ修正することによって，一定の「ゆらぎ」（辻（2003）は，尾崎（1999）の議論を紹介しながら，「福祉のまちづくりへの主体形成」における「葛藤」「ゆらぎ」の意味を論じている（辻，2003，162頁，191-210頁，218-219頁）。本章は，このような辻氏の「ゆらぎ」論を参照している。）を経ながら個人と集団の自治的能力を高めていくことができるような，緊張感のある学習のイメージを示唆している，ととらえることもできるのではないか，と考えられる。つまり，自他

と集団が「ゆらぐ」動きの中でこそ,児童の成長・発達が刺激されるのである。ただし,その過程で欠かすことができない最重要の要件は,児童全員に一定の理解と納得が生まれるようにすることである。

　この点から見て,井上氏の提起するリベラリズムの精神と実践(児童Zの言動)は,教育実践の視点や方法にかかわる一つの極として受けとめ,個人の自由と尊厳,少数者の利害関係も視野に入れつつ,最善の対応・指導を行うための参照枠組みとして理解することが重要である,と考えられる。それは,教育実践に引きつけた場合,〈個と集団の緊張関係〉〈自由と民主の緊張関係〉を参照枠組みとすることと同じ意味である。

　ここでは,この参照枠組みを前提した場合,前述したような「ゆらぎ」体験を経た自治的能力の形成を企図する上で,教師が想定すべき指導の視点と展開方法上の重要点(ポイント)を述べることにする。まず「ゆらぎ」体験へとつながる児童たちの意見対立のケースをいくつか想定し,次にそれを受けた教師の指導上の留意点を考えることにする。

〈「ゆらぎ」につながる児童たちの対立意見(想定されるケース)〉
①児童Zは自立した「しっかり者」か,あるいは放縦を要求する「わがまま」なのか。
②児童Zは「しっかり者」であるととらえた場合でも,学級のすべての児童が児童Zのように「しっかり」と自ら考えて行動することができる状態ではない場合,どのように考えればよいのか。
③自由を求めることと,平等を求めることは相反するのか。
④本当の平等とは,本当の自由とは何か。
⑤お小遣いの金額を〈一人ひとり自由にするのか,全員で同額にするのか〉の他に,〈上限だけを決める〉や〈下限だけを決める〉,さらに〈上限と下限の両方を決めてその枠内で各人が自由裁量で決めた額とする〉という選択肢も考えられるのではないか。
⑥そもそも修学旅行で何を学ぶのか。

第11章　特別活動における学級討論づくりの視点と方法

〈教師の教育指導上の留意ポイント〉
⑦前記した①〜⑥に対応する必要性（児童の成長・発達状況を見きわめつつ，前述したような幅広い選択肢を念頭に置いた柔軟な，しかし基本軸のある対応行動を選択していくことが教師に要請される）。
⑧家庭の経済格差をどのように配慮すべきなのか。
⑨強制力をもつルールを決め，すべての構成員がこれを遵守することの意味，このようなルールを決めるためにはすべての構成員が主体的に考えた上で決め，納得することが重要であることをどのように指導するか。
⑩修学旅行に向けた準備はいつ頃から始めるべきか（児童が貯金を準備する可能性も含めて）。
⑪修学旅行では，お小遣いにかかわる失敗（高額な無駄使い等）はどの程度，許されると考えるか。
⑫修学旅行とは，児童に集団行動を体験させる機会であるという判断に立ち，全体の規律を優先すべきか。
⑬そもそも修学旅行とは何か。児童に学んでほしいことは何か。
⑭お小遣いの金額設定という実際課題に直面して，上限のみを公定するルールを定める選択肢の可能性と有効性はどの程度あるか。
⑮以上のように自由な意見を受けとめ，少数者に配慮しながらも，学級集団の秩序をどのようにつくりだすか。
⑯総じて，定めたルールについて，児童一人ひとりの理解と納得をどのようにして，どこまで獲得・達成し，旅行当日に至る児童の意欲・主体性をどのように養うのか。

教師が以上に挙げた①〜⑯のケースや要素を想定して教育実践を展開した場合，一方で，児童たちはさまざまに異なる意見や選択肢に遭遇し，試行錯誤と「ゆらぎ」を重ねることになる。その過程では，自らを省察することによって，異なる意見に共感することができる部分を発見したり，さらなる熟慮を経て再度，考えを深めた次元から元の意見に立ち戻ったりするケースも期待される。

たとえば、児童Aが児童Zの意見の意義と有効性に気づき、リベラルな意見を持つケースであり、あるいは学級集団の協議の深まりを経て、児童Aは再び元の主張に立ち戻るケースである。逆に、児童Zが同様の「ゆらぎ」を体験するケースも想定される。さらには、自らの意見を固めていない児童の考えが児童Zと児童Aの討論を聴きながら「ゆれ動く」こと等も想定される。このような試行錯誤をともなう意識の変容は、児童の成長・発達に大きな意味を持つことが少なくない。

ただし、児童Zの意見に共鳴・賛同しつつも、そのように「しっかりと」「たくましく」行動することができない児童が存在することも想定される。さらには、話し合いを深めても児童Zの意見に一貫して反対する児童が存在することも想定される。このような児童が存在した場合、その意見も尊重した上でのルールづくりが志向されるが、こうした意見の対立と多様性を当然のこととした上で学級討論を行う場合、この討論に参加した経験は児童一人ひとりにとって大きな意味を持つことになる、と考えられる。

実際にはさまざまな展開があり得ると予想されるが、当該の学級集団でお小遣いの金額について最終的にどのような判断が行われたとしても、児童Zの発言を受けとめた上での試行錯誤をくぐりぬけた結果の判断は、この試行錯誤を欠いた判断に比べて、〈個と集団の緊張関係〉〈自由と民主の緊張関係〉の理解の深さ、人間理解の深さ、修学旅行全体を通じた児童の学習の深さ、そして自治的能力形成に向けた教育指導上のインパクトにかかわって有効となることが期待される。ただし、その際、鍵となるものは、児童一人ひとりの内面の成長・発達をどの程度まで促し得たか如何にかかってくる、と考えられる。

その際、教師にとっても児童一人ひとりの発達状態や集団の状況を注視し、その可能性を模索しながら自らの判断と指導をめぐって「冒険」の局面に直面することが少なくない、と思われる。

5 おわりに——理論的アプローチから教育実践に光をあてる

　以上，「熟議民主主義」や正議論にまで連動する法哲学者・井上達夫氏のリベラリズム論を自治的諸活動の指導に引きつけて着目する有効性について私見を述べた。その理由は二つある。一つは，教育実践について実践的な知見を学ぶ場合であっても，関連学問界の議論にも立脚し，学問的な背景を備えたアプローチを検討する必要を受けとめたからである。もう一つの理由は，〈個と集団の緊張関係〉〈自由と民主の緊張関係〉を一定の前提無くして予定調和する関係として，曖昧なイメージを持って規範論的に教育指導するよりも，この緊張関係について学問的理解を持って，幅のある選択肢の参照枠組みを想定して教育指導を行う方が，学校における自治的諸活動の醸成や児童・生徒の自治的能力の形成にとって有効性（実効性）が大きい，と考えたからである。

　以上に述べたことから，本章で注目した〈個と集団の緊張関係〉に関する理論的アプローチは，教育実践に引きつけた場合，児童・生徒の自主性，主体性と連帯を育むという奥深い取り組みのさまざまな過程に存在（あるいは潜在）する意識と行動の変容（成長・発達）にかかわって，重要な局面や契機に光をあてる上で有効性をもつものである，と考えられる。本章では，修学旅行にかかわる学級討論にそくして考えてみたが，〈個と集団の緊張関係〉の理論的アプローチは，他の主題に取り組む学級会・ホームルーム活動や児童会・生徒会活動等における自治的諸活動にも適応させて，各々の実践のあり方を深めることができる，と考えられる。

〈文　献〉

井上達夫　1992「第一章　天皇制を問う視角——民主主義の限界とリベラリズム」井上達夫・名和田是彦・桂木隆夫『共生への冒険』毎日新聞社，37-121頁

近藤郁夫　1988「自治活動」青木一ほか編『現代教育学事典』労働旬報社，

第Ⅲ部　特別活動の展開

　　353-354頁

尾崎新編著　1999　『「ゆらぐ」ことのできる力――ゆらぎと社会福祉実践』誠信書房

鈴木秀一　1988　「特別活動」青木一ほか編　『現代教育学事典』労働旬報社，579頁

辻浩　2003　『住民参加型福祉と生涯学習』ミネルヴァ書房

〈もっと読んでみよう〉

井上達夫・名和田是彦・桂木隆夫　1992　『共生への冒険』毎日新聞社
　　⇨関心がある人は，本文でとりあげたこの本の書名にある「冒険」の意味，さらにこの「冒険」と教育的価値の関係について理解を深めてみよう。

〈考えてみよう〉

　本章でとりあげた修学旅行のお小遣い金額をめぐる学級討論の場面にそくして，読者が「児童の立場」であればどのように発言するか，「教師の立場」であればどのように指導するか（その際，どのような点を優先して留意すべきかという点を含む）を区別しながら，教育実践のあり方を考えてみよう。可能であれば，この論点について他の方々と意見交換を行い，予想されるさまざまな局面を想像し，各局面での教育指導の重要ポイントについて話し合ってみよう。

資料　特別活動指導案

　特別活動の指導力をつけるためには，学習指導案の作成や模擬授業の実施が有効である。ここでは，奈良教育大学の瀬川千裕さん，赤井沙耶佳さんらが3回生時にグループで作成した案をもとに，小学校での特別活動の学習指導案の一例を提示する。学習指導案の作成は，特別活動の意義や目的を再確認し，指導の見通しをもつことにつながる。ぜひ自分でも学習指導案作りに取り組んでみてほしい。　　　　　　　　　（中澤静男）

第4学年特別活動学習指導案

平成○年11月○日（○）第○校時
第4学年1組（男子15名・女子15名，計30名）
指導者　教諭　○△　◇◎　印

1．題材　「2分の1成人式」を成功させよう

2．指導者のねらい
・「2分の1成人式」の企画や運営のために，一人ひとりが役割を担いながら，主体的かつ積極的に，筋道立てた話し合いができる。
・10年間の成長を振り返り，現在を見つめる活動を通して，自らの存在意義や家族の大切さについて考えることができる。
・「2分の1成人式」の意義や，その企画運営への参加の仕方などを理解する。

3．題材について
　「2分の1成人式」は，本校において，例年4年生が行っている学校行事である。社会的に成人と認められる20歳のちょうど半分にあたる10歳という節目に，児童たちが自らの過去を振り返り，現在と向き合い，未来を見つめる機会になると考えている。「2分の1成人式」の企画・運営では，司会を中心に，児童たちが主体的かつ積極的に話し合いをし，準備に取り組めるように指導することで，自らの過去・現在・未来を考える有意義な「2分の1成人式」を作り上げる達成感を経験させたい。
　本学級は，「いっしょうけんめい　取り組もう」，「力を合わせて　なしとげよう」，

「クラスのなかまを みとめ合おう」を学級目標にしている。この目標に向けて，本学級では，話し合い活動に力を入れている。4月には，児童たちで「発表のしかたマニュアル」（※187頁参照）を決定し，それ以降，学級会や各教科の授業において，このルールに基づいた話し合い活動を行ってきた。また，5月には「司会マニュアル」（※187，188頁参照）を提示し，学級の誰が司会となっても，それに沿って円滑な進行ができるように工夫している。司会を経験することにより，集団の場を取り仕切るリーダーとしての力を付けるとともに，司会の苦労を理解して，協力的に話し合いに参加できるようになることを期待している。さらに，毎回の学級会の最初に，立候補制で板書係を決めている。板書係は，話し合いで出された意見を「意見短冊」に書き出した上で，それを並べ替えるなどして構造化し，話し合いの流れを作り出す重要な役割を担っている。こうした経験によって，筋道立てた話し合いができるように育てたい。

9月に運動会という大きな学校行事を経験し，お互いの「よさ」を尊重し合いながら，協力して取り組むことの大切さを実感することができた。一方で，決められている行事だから取り組むといった受け身な姿勢がみられ，自主的な議論や活動はまだ十分ではなかった。そこで，「2分の1成人式」の企画や運営は，学級ごとに児童を中心に行う。そのため，学級集団のまとまりや児童の主体的な取り組みが必要となってくる。児童自らが目的意識をもち，主体的に行事を作り上げていけるような指導を心がけたい。

4．評価の視点と本実践における評価規準

集団活動や生活への関心・意欲・態度	集団の一員としての思考・判断・実践	集団活動や生活についての知識・理解
「2分の1成人式」を節目としたこれからの生活に関心をもち，学年の一員としての役割を自覚し，主体的かつ積極的に，筋道立てた話し合いに取り組もうとしている。	学年の一員としての自覚をもち，「2分の1成人式」への取り組みを機会に自らの生活を振り返り，自らの存在意義や家族の大切さについて考え，判断し，実践している。	「2分の1成人式」の意義や，その企画運営への参加の仕方などを理解している。

5．展開の過程（9時間）

第1次　自分史をつくろう（総合的な学習の時間：4時間）

　　生命の誕生をテーマに，赤ちゃんが母親のお腹の中から産まれ，育っていく過程を学習する。

　　自らの生い立ちについて，両親や兄弟，親戚に取材して，生まれてから今日に至る

までを振り返り,「自分史」を作成する。「できるようになったこと」,「考えられるようになったこと」などをまとめ,自分の成長を確認する。

第2次 「2分の1成人式」を計画しよう（特別活動：2時間）
・「2分の1成人式」の目的や目標について話し合い,学級のテーマと内容を話し合う。（本時）
・「2分の1成人式」の予備練習とそれをもとにした準備を行う。

第3次 「2分の1成人式」をしよう（特別活動：2時間）

第4次 「2分の1成人式」をふりかえろう（特別活動：1時間）
　「2分の1成人式」の振り返りを行う。準備の過程も含めて,よかったこと,頑張ったことなどを「思い出作文」にまとめる。作文は,当日の写真とともに教室の背面に掲示する。（作文は国語科と関連付けて指導する）

6．本時について
（1）本時の目標
　「2分の1成人式」の意義を理解し,友だちの意見を尊重しつつ,自分の考えを筋道立てて述べることができる。
（2）本時の展開

主な学習活動	学習活動への支援（○）と評価（▽）	準備物
1．本時の議題をつかむ。 ・学級の歌「あの青い空のように」を歌う。 ・「2分の1成人式」の意義を理解する。 2．「2分の1成人式」のテーマを考える。 ・グループごとにテーマを話し合う。 【予想されるテーマ】 「ありがとう」「これからもがんばろう」「助け合い」「つながり」など	○活発な話し合い活動を促すために,歌を通して学級の雰囲気づくりを行う。 ○作成した自分史を手元に置かせ,「2分の1成人式」の意義を伝える。 ○自分史作成から感じたことから,テーマについてグループごとに話し合わせる。	CDプレーヤー 自分史

3．テーマをもとに「2分の1成人式」の内容について話し合う。 ・司会者を中心に全体で話し合う。 「司会マニュアル」を中心としながら，進行する。指名して意見を発表させる。（板書係は，「意見短冊」に発表された意見を書いていく。） 【予想される意見】 ・メッセージカードをあげる。 ・花（折り紙で作成）をあげる。 ・「ありがとう」メダルをあげる。 ・歌，劇，作文，特技を発表する。 ・ゲームをする。 ・タイムカプセルをつくる。 4．次時の見通しをもつ ・本時に決定した「2分の1成人式」の内容を確認する。 司会者と板書係が協力して，決定したことを伝え，授業終了後には掲示ボードに内容を貼り，いつでも見ることができるようにする。 ・準備物や練習内容を考え，振り返りカードに記入する。	○具体的な話し合いができるように，「2分の1成人式」の開催日時，保護者が参加されること，予備練習・準備に1時間あることを伝える。 ○意見が出にくい場合は，グループでの話し合いの時間を取る。 ○発言するときは，必ず理由を述べることを指導する。 ○意見カードをつなぐことができることを伝え，考えを深めさせる。 ▽友だちの意見を尊重しつつ，「2分の1成人式」にふさわしい考えを筋道立てて述べることができる。 ○「2分の1成人式」への意欲を高め，本時の学習と次時に取り組みたいことを振り返りカードに書かせる。	「発表のしかたマニュアル」「司会マニュアル」（※187，188頁参照） 「意見カード」 （四ツ切画用紙を縦に4等分した用紙。裏の四隅にマグネットをつける。） 振り返りカード

資料　特別活動指導案

発表のしかたマニュアル

①私は，○○だと思います。理由は▽▽だからです。
②○▽さんの意見に賛成です。理由は，▽◇だからです。
③○▽さんの意見に付け足して，◇◇だと思います。理由は◇×だからです。
④○▽さんの意見に賛成です。でも，理由はちょっと違って◇◇だからです。
⑤私は○○さんの意見に反対します。理由は▽▽だからです。
⑥私は○○さんとは違って，▽◇だと思います。理由は××だからです。
⑦私は，AさんとBさんをつなげて，○○だと考えました。理由は××だからです。

司会マニュアル

①今日の議題は，○○です。提案してくれた◇◇さんから，提案理由を言ってもらいます。
　　◇◇：提案理由を述べる
②◇◇さんの提案について，近くの人と話し合ってください。

【パターン１】AかBかを決める場合
①Aに賛成の人から，その理由を発表してください。
　☆出された理由を黒板の左半分に箇条書きする。
　☆似ている意見は，線などでつないで関連を図示する。
②Bに賛成の人も，その理由を発表してください。
　☆出された理由を黒板の右半分に箇条書きする。
　☆似ている意見は，線などでつないで関連を図示する。
　☆Aで出された理由と関連のあるものは，矢印などで関連を図示するなど，これからの話し合いのポイントを明らかにする。
※Aの理由aとBの理由bが対立している。
③aとbについて，付け足しのある人は発表してください。
　対話を通じてabどちらが良いか，あるいは新しいcを導き出せればなお良い。
④これまでの話し合いをもとに多数決をします。どちらかに手を挙げてください。

⑤多数決の結果，○に決まりました。

【パターン2】広く意見を求める場合
①何か意見がある人は発表してください。

> 意見が出にくい場合は，グループでの話し合いを行い，そこで出された意見をすいあげる。

☆出された意見を黒板に箇条書きする。複数のグループから同じ意見が出た場合は，グループ数を正の字で表す。

②たくさんの意見をありがとうございました。この中から，ベスト○を決めたいと思います。意見のある人は，理由を明らかにしながら発表してください。

> グループごとにダイヤモンドランキングなどを活用して，ベスト○を決める方法もある。

☆出された理由を，黒板に書き，①の意見と線で結ぶ。同じ理由は正の字で表す。

③それではこれまでの話し合いをもとに，ベスト○を決めたいと思います。良いと思うものに手を挙げてください。一人◇回手を挙げることができます。

④皆さんの投票の結果，ベスト○は○▽と◇○，▽◇に決まりました。

資　料

小学校学習指導要領　（平成20年3月告示）　第6章　特別活動
中学校学習指導要領　（平成20年3月告示）　第5章　特別活動
高等学校学習指導要領　（平成21年3月告示）　第5章　特別活動

小学校学習指導要領
（平成20年3月告示）

第6章 特別活動

第1 目標

　望ましい集団活動を通して，心身の調和のとれた発達と個性の伸長を図り，集団の一員としてよりよい生活や人間関係を築こうとする自主的，実践的な態度を育てるとともに，自己の生き方についての考えを深め，自己を生かす能力を養う。

第2 各活動・学校行事の目標及び内容
〔学級活動〕
1 目標
　学級活動を通して，望ましい人間関係を形成し，集団の一員として学級や学校におけるよりよい生活づくりに参画し，諸問題を解決しようとする自主的，実践的な態度や健全な生活態度を育てる。
2 内容
〔第1学年及び第2学年〕
　学級を単位として，仲良く助け合い学級生活を楽しくするとともに，日常の生活や学習に進んで取り組もうとする態度の育成に資する活動を行うこと。
〔第3学年及び第4学年〕
　学級を単位として，協力し合って楽しい学級生活をつくるとともに，日常の生活や学習に意欲的に取り組もうとする態度の育成に資する活動を行うこと。
〔第5学年及び第6学年〕
　学級を単位として，信頼し支え合って楽しく豊かな学級や学校の生活をつくるとともに，日常の生活や学習に自主的に取り組もうとする態度の向上に資する活動を行うこと。
〔共通事項〕

(1) 学級や学校の生活づくり
　ア 学級や学校における生活上の諸問題の解決
　イ 学級内の組織づくりや仕事の分担処理
　ウ 学校における多様な集団の生活の向上
(2) 日常の生活や学習への適応及び健康安全
　ア 希望や目標をもって生きる態度の形成
　イ 基本的な生活習慣の形成
　ウ 望ましい人間関係の形成
　エ 清掃などの当番活動等の役割と働くことの意義の理解
　オ 学校図書館の利用
　カ 心身ともに健康で安全な生活態度の形成
　キ 食育の観点を踏まえた学校給食と望ましい食習慣の形成
〔児童会活動〕
1 目標
　児童会活動を通して，望ましい人間関係を形成し，集団の一員としてよりよい学校生活づくりに参画し，協力して諸問題を解決しようとする自主的，実践的な態度を育てる。
2 内容
　学校の全児童をもって組織する児童会において，学校生活の充実と向上を図る活動を行うこと。
(1) 児童会の計画や運営
(2) 異年齢集団による交流
(3) 学校行事への協力
〔クラブ活動〕
1 目標
　クラブ活動を通して，望ましい人間関係を形成し，個性の伸長を図り，集団の一員として協力してよりよいクラブづくりに参画しようとする自主的，実践的な態度を育てる。
2 内容
　学年や学級の所属を離れ，主として第4学年以上の同好の児童をもって組織するクラブにおいて，異年齢集団の交流を深め，共通の興味・関心を追求する活動を行うこと。
(1) クラブの計画や運営
(2) クラブを楽しむ活動

資料　小・中・高等学校の学習指導要領「特別活動」

(3) クラブの成果の発表
〔学校行事〕
1　目　標
　学校行事を通して，望ましい人間関係を形成し，集団への所属感や連帯感を深め，公共の精神を養い，協力してよりよい学校生活を築こうとする自主的，実践的な態度を育てる。
2　内　容
　全校又は学年を単位として，学校生活に秩序と変化を与え，学校生活の充実と発展に資する体験的な活動を行うこと。
(1) 儀式的行事
　学校生活に有意義な変化や折り目を付け，厳粛で清新な気分を味わい，新しい生活の展開への動機付けとなるような活動を行うこと。
(2) 文化的行事
　平素の学習活動の成果を発表し，その向上の意欲を一層高めたり，文化や芸術に親しんだりするような活動を行うこと。
(3) 健康安全・体育的行事
　心身の健全な発達や健康の保持増進などについての関心を高め，安全な行動や規律ある集団行動の体得，運動に親しむ態度の育成，責任感や連帯感の涵養，体力の向上などに資するような活動を行うこと。
(4) 遠足・集団宿泊的行事
　自然の中での集団宿泊活動などの平素と異なる生活環境にあって，見聞を広め，自然や文化などに親しむとともに，人間関係などの集団生活の在り方や公衆道徳などについての望ましい体験を積むことができるような活動を行うこと。
(5) 勤労生産・奉仕的行事
　勤労の尊さや生産の喜びを体得するとともに，ボランティア活動などの社会奉仕の精神を養う体験が得られるような活動を行うこと。

第3　指導計画の作成と内容の取扱い
1　指導計画の作成に当たっては，次の事項に配慮するものとする。
(1) 特別活動の全体計画や各活動・学校行事の年間指導計画の作成に当たっては，学校の創意工夫を生かすとともに，学級や学校の実態や児童の発達の段階などを考慮し，児童による自主的，実践的な活動が助長されるようにすること。また，各教科，道徳，外国語活動及び総合的な学習の時間などの指導との関連を図るとともに，家庭や地域の人々との連携，社会教育施設等の活用などを工夫すること。
(2) 〔学級活動〕などにおいて，児童が自ら現在及び将来の生き方を考えることができるよう工夫すること。
(3) 〔クラブ活動〕については，学校や地域の実態等を考慮しつつ児童の興味・関心を踏まえて計画し実施できるようにすること。
(4) 第1章総則の第1の2及び第3章道徳の第1に示す道徳教育の目標に基づき，道徳の時間などとの関連を考慮しながら，第3章道徳の第2に示す内容について，特別活動の特質に応じて適切な指導をすること。
2　第2の内容の取扱いについては，次の事項に配慮するものとする。
(1) 〔学級活動〕，〔児童会活動〕及び〔クラブ活動〕の指導については，指導内容の特質に応じて，教師の適切な指導の下に，児童の自発的，自治的な活動が効果的に展開されるようにするとともに，内容相互の関連を図るよう工夫すること。また，よりよい生活を築くために集団としての意見をまとめるなどの話合い活動や自分たちできまりをつくって守る活動，人間関係を形成する力を養う活動などを充実するよう工夫すること。
(2) 〔学級活動〕については，学級，学校及び児童の実態，学級集団の育成上の課題や発達の課題及び第3章道徳の第3の1の(3)に示す道徳教育の重点などを踏まえ，各学年段階において取り上げる指導内容の重点化を図るとともに，必要に応じて，内容間の関連や統合を図ったり，他の内容を加えたりすることができること。また，学級経営の充実を図り，個々の児童についての理解を深め，児童との信頼関係を基礎に指導を行うとともに，生徒指導との関連を図るようにすること。

(3) 〔児童会活動〕の運営は，主として高学年の児童が行うこと。
(4) 〔学校行事〕については，学校や地域及び児童の実態に応じて，各種類ごとに，行事及びその内容を重点化するとともに，行事間の関連や統合を図るなど精選して実施すること。また，実施に当たっては，異年齢集団による交流，幼児，高齢者，障害のある人々などとの触れ合い，自然体験や社会体験などの体験活動を充実するとともに，体験活動を通して気付いたことなどを振り返り，まとめたり，発表し合ったりするなどの活動を充実するよう工夫すること。
3 入学式や卒業式などにおいては，その意義を踏まえ，国旗を掲揚するとともに，国歌を斉唱するよう指導するものとする。

中学校学習指導要領
（平成20年3月告示）

第5章 特別活動

第1 目 標
望ましい集団活動を通して，心身の調和のとれた発達と個性の伸長を図り，集団や社会の一員としてよりよい生活や人間関係を築こうとする自主的，実践的な態度を育てるとともに，人間としての生き方についての自覚を深め，自己を生かす能力を養う。

第2 各活動・学校行事の目標及び内容
〔学級活動〕
1 目 標
学級活動を通して，望ましい人間関係を形成し，集団の一員として学級や学校におけるよりよい生活づくりに参画し，諸問題を解決しようとする自主的，実践的な態度や健全な生活態度を育てる。
2 内 容
学級を単位として，学級や学校の生活の充実と向上，生徒が当面する諸課題への対応に資する活動を行うこと。
(1) 学級や学校の生活づくり
　ア 学級や学校における生活上の諸問題の解決
　イ 学級内の組織づくりや仕事の分担処理
　ウ 学校における多様な集団の生活の向上
(2) 適応と成長及び健康安全
　ア 思春期の不安や悩みとその解決
　イ 自己及び他者の個性の理解と尊重
　ウ 社会の一員としての自覚と責任
　エ 男女相互の理解と協力
　オ 望ましい人間関係の確立
　カ ボランティア活動の意義の理解と参加
　キ 心身ともに健康で安全な生活態度や習慣の形成
　ク 性的な発達への適応
　ケ 食育の観点を踏まえた学校給食と望ましい食習慣の形成
(3) 学業と進路
　ア 学ぶことと働くことの意義の理解
　イ 自主的な学習態度の形成と学校図書館の利用
　ウ 進路適性の吟味と進路情報の活用
　エ 望ましい勤労観・職業観の形成
　オ 主体的な進路の選択と将来設計
〔生徒会活動〕
1 目 標
生徒会活動を通して，望ましい人間関係を形成し，集団や社会の一員としてよりよい学校生活づくりに参画し，協力して諸問題を解決しようとする自主的，実践的な態度を育てる。
2 内 容
学校の全生徒をもって組織する生徒会において，学校生活の充実と向上を図る活動を行うこと。
(1) 生徒会の計画や運営
(2) 異年齢集団による交流
(3) 生徒の諸活動についての連絡調整
(4) 学校行事への協力

資料 小・中・高等学校の学習指導要領「特別活動」

(5) ボランティア活動などの社会参加
〔学校行事〕
1 目標
　学校行事を通して，望ましい人間関係を形成し，集団への所属感や連帯感を深め，公共の精神を養い，協力してよりよい学校生活を築こうとする自主的，実践的な態度を育てる。
2 内容
　全校又は学年を単位として，学校生活に秩序と変化を与え，学校生活の充実と発展に資する体験的な活動を行うこと。
(1) 儀式的行事
　学校生活に有意義な変化や折り目を付け，厳粛で清新な気分を味わい，新しい生活の展開への動機付けとなるような活動を行うこと。
(2) 文化的行事
　平素の学習活動の成果を発表し，その向上の意欲を一層高めたり，文化や芸術に親しんだりするような活動を行うこと。
(3) 健康安全・体育的行事
　心身の健全な発達や健康の保持増進などについての理解を深め，安全な行動や規律ある集団行動の体得，運動に親しむ態度の育成，責任感や連帯感の涵養，体力の向上などに資するような活動を行うこと。
(4) 旅行・集団宿泊的行事
　平素と異なる生活環境にあって，見聞を広め，自然や文化などに親しむとともに，集団生活の在り方や公衆道徳などについての望ましい体験を積むことができるような活動を行うこと。
(5) 勤労生産・奉仕的行事
　勤労の尊さや創造することの喜びを体得し，職場体験などの職業や進路にかかわる啓発的な体験が得られるようにするとともに，共に助け合って生きることの喜びを体得し，ボランティア活動などの社会奉仕の精神を養う体験が得られるような活動を行うこと。

第3 指導計画の作成と内容の取扱い
　1 指導計画の作成に当たっては，次の事項に配慮するものとする。

(1) 特別活動の全体計画や各活動・学校行事の年間指導計画の作成に当たっては，学校の創意工夫を生かすとともに，学校の実態や生徒の発達の段階などを考慮し，生徒による自主的，実践的な活動が助長されるようにすること。また，各教科，道徳及び総合的な学習の時間などの指導との関連を図るとともに，家庭や地域の人々との連携，社会教育施設等の活用などを工夫すること。
(2) 生徒指導の機能を十分に生かすとともに，教育相談（進路相談を含む。）についても，生徒の家庭との連絡を密にし，適切に実施できるようにすること。
(3) 学校生活への適応や人間関係の形成，進路の選択などの指導に当たっては，ガイダンスの機能を充実するよう〔学級活動〕等の指導を工夫すること。特に，中学校入学当初においては，個々の生徒が学校生活に適応するとともに，希望と目標をもって生活をできるよう工夫すること。
(4) 第1章総則の第1の2及び第3章道徳の第1に示す道徳教育の目標に基づき，道徳の時間などとの関連を考慮しながら，第3章道徳の第2に示す内容について，特別活動の特質に応じて適切な指導をすること。
　2 第2の内容の取扱いについては，次の事項に配慮するものとする。
(1) 〔学級活動〕及び〔生徒会活動〕の指導については，指導内容の特質に応じて，教師の適切な指導の下に，生徒の自発的，自治的な活動が効果的に展開されるようにするとともに，内容相互の関連を図るよう工夫すること。また，よりよい生活を築くために集団としての意見をまとめるなどの話合い活動や自分たちできまりをつくって守る活動，人間関係を形成する力を養う活動などを充実するよう工夫すること。
(2) 〔学級活動〕については，学校，生徒の実態及び第3章道徳の第3の1の(3)に示す道徳教育の重点などを踏まえ，各学年において取り上げる指導内容の重点化を図るとともに，必要に応じて，内容間の関連や統合を図った

り，他の内容を加えたりすることができること。また，個々の生徒についての理解を深め，生徒との信頼関係を基礎に指導を行うとともに，生徒指導との関連を図るようにすること。
(3) 〔学校行事〕については，学校や地域及び生徒の実態に応じて，各種類ごとに，行事及びその内容を重点化するとともに，行事間の関連や統合を図るなど精選して実施すること。また，実施に当たっては，幼児，高齢者，障害のある人々などとの触れ合い，自然体験や社会体験などの体験活動を充実するとともに，体験活動を通して気付いたことなどを振り返り，まとめたり，発表し合ったりするなどの活動を充実するよう工夫すること。
3 入学式や卒業式などにおいては，その意義を踏まえ，国旗を掲揚するとともに，国歌を斉唱するよう指導するものとする。

高等学校学習指導要領
（平成21年3月告示）

第5章 特別活動

第1 目 標

望ましい集団活動を通して，心身の調和のとれた発達と個性の伸長を図り，集団や社会の一員としてよりよい生活や人間関係を築こうとする自主的，実践的な態度を育てるとともに，人間としての在り方生き方についての自覚を深め，自己を生かす能力を養う。

第2 各活動・学校行事の目標及び内容

〔ホームルーム活動〕
1 目 標
　ホームルーム活動を通して，望ましい人間関係を形成し，集団の一員としてホームルームや学校におけるよりよい生活づくりに参画し，諸問題を解決しようとする自主的，実践的な態度や健全な生活態度を育てる。

2 内 容
　学校における生徒の基礎的な生活集団として編成したホームルームを単位として，ホームルームや学校の生活の充実と向上，生徒が当面する諸課題への対応に資する活動を行うこと。
(1) ホームルームや学校の生活づくり
　ア ホームルームや学校における生活上の諸問題の解決
　イ ホームルーム内の組織づくりと自主的な活動
　ウ 学校における多様な集団の生活の向上
(2) 適応と成長及び健康安全
　ア 青年期の悩みや課題とその解決
　イ 自己及び他者の個性の理解と尊重
　ウ 社会生活における役割の自覚と自己責任
　エ 男女相互の理解と協力
　オ コミュニケーション能力の育成と人間関係の確立
　カ ボランティア活動の意義の理解と参画
　キ 国際理解と国際交流
　ク 心身の健康と健全な生活態度や規律ある習慣の確立
　ケ 生命の尊重と安全な生活態度や規律ある習慣の確立
(3) 学業と進路
　ア 学ぶことと働くことの意義の理解
　イ 主体的な学習態度の確立と学校図書館の利用
　ウ 教科・科目の適切な選択
　エ 進路適性の理解と進路情報の活用
　オ 望ましい勤労観・職業観の確立
　カ 主体的な進路の選択決定と将来設計

〔生徒会活動〕
1 目 標
　生徒会活動を通して，望ましい人間関係を形成し，集団や社会の一員としてよりよい学校生活づくりに参画し，協力して諸問題を解決しようとする自主的，実践的な態度を育てる。
2 内 容

学校の全生徒をもって組織する生徒会において，学校生活の充実と向上を図る活動を行うこと。
(1) 生徒会の計画や運営
(2) 異年齢集団による交流
(3) 生徒の諸活動についての連絡調整
(4) 学校行事への協力
(5) ボランティア活動などの社会参画
〔学校行事〕
1 目 標
　学校行事を通して，望ましい人間関係を形成し，集団への所属感や連帯感を深め，公共の精神を養い，協力してよりよい学校生活や社会生活を築こうとする自主的，実践的な態度を育てる。
2 内 容
　全校若しくは学年又はそれらに準ずる集団を単位として，学校生活に秩序と変化を与え，学校生活の充実と発展に資する体験的な活動を行うこと。
(1) 儀式的行事
　学校生活に有意義な変化や折り目を付け，厳粛で清新な気分を味わい，新しい生活の展開への動機付けとなるような活動を行うこと。
(2) 文化的行事
　平素の学習活動の成果を総合的に生かし，その向上の意欲を一層高めたり，文化や芸術に親しんだりするような活動を行うこと。
(3) 健康安全・体育的行事
　心身の健全な発達や健康の保持増進などについての理解を深め，安全な行動や規律ある集団行動の体得，運動に親しむ態度の育成，責任感や連帯感の涵養，体力の向上などに資するような活動を行うこと。
(4) 旅行・集団宿泊的行事
　平素と異なる生活環境にあって，見聞を広め，自然や文化などに親しむとともに，集団生活の在り方や公衆道徳などについての望ましい体験を積むことができるような活動を行うこと。
(5) 勤労生産・奉仕的行事
　勤労の尊さや創造することの喜びを体得し，就業体験などの職業観の形成や進路の選択決定などに資する体験が得られるようにするとともに，共に助け合って生きることの喜びを体得し，ボランティア活動などの社会奉仕の精神を養う体験が得られるような活動を行うこと。

第3　指導計画の作成と内容の取扱い
1　指導計画の作成に当たっては，次の事項に配慮するものとする。
(1) 特別活動の全体計画や各活動・学校行事の年間指導計画の作成に当たっては，学校の創意工夫を生かすとともに，学校の実態や生徒の発達の段階及び特性等を考慮し，生徒による自主的，実践的な活動が助長されるようにすること。また，各教科・科目や総合的な学習の時間などの指導との関連を図るとともに，家庭や地域の人々との連携，社会教育施設等の活用などを工夫すること。その際，ボランティア活動などの社会奉仕の精神を養う体験的な活動や就業体験などの勤労にかかわる体験的な活動の機会をできるだけ取り入れること。
(2) 生徒指導の機能を十分に生かすとともに，教育相談（進路相談を含む。）についても，生徒の家庭との連絡を密にし，適切に実施できるようにすること。
(3) 学校生活への適応や人間関係の形成，教科・科目や進路の選択などの指導に当たっては，ガイダンスの機能を充実するよう〔ホームルーム活動〕等の指導を工夫すること。特に，高等学校入学当初においては，個々の生徒が学校生活に適応するとともに，希望と目標をもって生活をできるよう工夫すること。
(4) 〔ホームルーム活動〕を中心として特別活動の全体を通じて，特に社会において自立的に生きることができるようにするため，社会の一員としての自己の生き方を探求するなど，人間としての在り方生き方の指導が行われるようにすること。その際，他の教科，特に公民科や総合的な学習の時間との関連を図ること。

2 第2の内容の取扱いについては，次の事項に配慮するものとする。
(1) 〔ホームルーム活動〕及び〔生徒会活動〕の指導については，指導内容の特質に応じて，教師の適切な指導の下に，生徒の自発的，自治的な活動が効果的に展開されるようにするとともに，内容相互の関連を図るよう工夫すること。また，よりよい生活を築くために集団としての意見をまとめるなどの話合い活動や自分たちできまりをつくって守る活動，人間関係を形成する力を養う活動などを充実するよう工夫すること。
(2) 〔ホームルーム活動〕及び〔生徒会活動〕については，学校や地域及び生徒の実態に応じて，取り上げる指導内容の重点化を図るとともに，入学から卒業までを見通して，必要に応じて内容間の関連や統合を図ったり，他の内容を加えたりすることができること。また，〔ホームルーム活動〕については，個々の生徒についての理解を深め，生徒との信頼関係を基礎に指導を行うとともに，生徒指導との関連を図るようにすること。
(3) 〔学校行事〕については，学校や地域及び生徒の実態に応じて，各種類ごとに，行事及びその内容を重点化するとともに，入学から卒業までを見通して，行事間の関連や統合を図るなど精選して実施すること。また，実施に当たっては，幼児，高齢者，障害のある人々などとの触れ合い，自然体験や社会体験などの体験活動を充実するとともに，体験活動を通して気付いたことなどを振り返り，まとめたり，発表し合ったりするなどの活動を充実するよう工夫すること。
(4) 特別活動の一環として学校給食を実施する場合には，食育の観点を踏まえた適切な指導を行うこと。
3 入学式や卒業式などにおいては，その意義を踏まえ，国旗を掲揚するとともに，国歌を斉唱するよう指導するものとする。
4 〔ホームルーム活動〕については，主としてホームルームごとにホームルーム担任の教師が指導することを原則とし，活動の内容によっては他の教師などの協力を得ることとする。

索　引
（＊は人名）

あ　行
朝の会　90, 109
委員会　22
意志決定　176
異年齢集団　20, 92, 160
異文化体験　166
＊巌谷小波　41
＊ヴィゴツキー（Vygotsky, L. S.）　71
運動会　39, 97
遠足　38, 135
遠足・集団宿泊的行事　26
お楽しみ会　69

か　行
外国語活動　19, 35
帰りの会　68, 109
課外活動　36
係　75
学芸会　41
学習言語　166
学習指導要領　11, 19, 35, 132
学習集団　42
学制　41, 42
隠れたカリキュラム　23
学級会　114
学級活動　21, 43, 65
学級経営　49, 65
学級指導　65
学級集団　56, 67
学級担任制　43
学級通信　54, 80, 106
学級討論　173
学級びらき　49, 105, 107
学級崩壊　8
給食　21, 72
学校行事　24, 37, 97
合唱　129

家庭訪問　53
キー・コンピテンシー　29
帰国子女　165
儀式的行事　24
帰属感　152
＊木下竹次　87
教育勅語　42
教科外活動　35
教科指導　71
教科担任制　43
行事の精選　12
規律性　98
勤労生産・奉仕的行事　26
クラス替え　67
クラブ活動　26, 36, 132
グローバル化　151
グローバル人材　24, 151
健康安全・体育的行事　25
校外学習　118
行軍　40
公民　44
個人主義　4
個性　157
小遣い　121, 171
個と集団の緊張関係　170
子どもの権利条約　44
個の発達　13
コミュニケーション力　72
顧問　132

さ　行
最近接発達領域　71
参画力　98
自己形成　6
自己肯定感　154
私事化　20
自主性　154

197

自尊感情　5
自治　43, 114, 118, 120, 169
　　──的な活動　11
　　──的能力　169
指導　22
児童会　22, 44, 92
児童中心主義　41
指導要録　105
師範学校　39, 41
社会関係資本　27
社会力の低下　15
修学旅行　40, 60, 119, 126
自由研究　36
習熟度別学習　42
集団活動　20, 27
集団経験　8
集団生活　15
集団づくり　117, 118, 169
授業時数　21
少子化　4
少数者　172
信頼関係　148
生活集団　42
成功体験　28
清掃　21
生徒会　22, 44, 117
　　──活動　158
席替え　72
全校集会　57
総合的な学習の時間　19, 31, 35, 103
ソーシャル・スキル　6
卒業式　61, 129

　　た　行
体験学習　31
大正自由教育　41, 87
対人関係形成能力　8
＊高嶺秀夫　40
縦割り班　5
多文化共生教育　152
誕生会　57
地域の教育力　4

中央教育審議会　3
＊坪内逍遙　42
適応　5
道徳　19, 31, 35, 37
　　──の教科化　43
特別教育活動　37

　　な　行
＊中野光　89
奈良プラン　87
日本人学校　165
人間関係　3
　　──づくり　148
望ましい集団活動　10, 11, 158

　　は　行
班活動　113
班分け　138
必修クラブ　36
避難訓練　26
フォロアー　9
部活動　36, 132
文化祭　41
文化資本　27
文化的行事　24
兵式体操　39
平和学習　126
「偏在」と「遍在」　7
ホームルーム　43
　　ショート──　43
　　ロング──　43
保護者　52, 80
ボランティア活動　103

　　ま　行
学び合い　71
民主主義　28, 44, 169
メモリアル・ワーク　108
モデリング　71
＊森有礼　39

や行・ら行
役割　153
要望　118, 120
リーダー　9, 105, 112, 122

履修主義　42
リベラリズム　170
連絡帳　53, 76

《執筆者紹介》

渋谷真樹（しぶや　まき）編者，はじめに，第2章，第10章，第4章のポイント，第7章・第8章のポイント
　　奈良教育大学

中澤静男（なかざわ　しずお）編者，第5章，第5章のポイント，第6章のポイント，第9章のポイント，資料・特別活動指導案の監修
　　奈良教育大学

金子光夫（かねこ　みつお）編者，第7章，第8章，コラム3
　　大阪大学・奈良教育大学（非常勤講師）

井深雄二（いぶか　ゆうじ）編者，第3章
　　奈良教育大学

粕谷貴志（かすや　たかし）第1章
　　奈良教育大学

植島佳子（うえじま　けいこ）第4章
　　奈良市立都跡小学校

小幡　肇（おばた　はじめ）コラム1，第6章，コラム2
　　愛知学泉大学

佐藤　功（さとう　いさお）第9章
　　大阪府立旭高等学校

山岡荘平（やまおか　そうへい）コラム4
　　奈良教育大学（非常勤講師）

片岡弘勝（かたおか　ひろかつ）第11章
　　奈良教育大学

集団を育てる特別活動

2015年2月15日　初版第1刷発行			《検印省略》

定価はカバーに
表示しています

編著者	渋谷　真樹 中澤　静男 金子　光夫 井深　雄二
発行者	杉田　啓三
印刷者	江戸　宏介

発行所　株式会社　ミネルヴァ書房
607-8494 京都市山科区日ノ岡堤谷町1
電話代表 (075)581-5191
振替口座 01020-0-8076

© 渋谷・中澤・金子・井深ほか, 2015　共同印刷工業・藤沢製本

ISBN978-4-623-07251-4
Printed in Japan

新しい特別活動指導論 第2版
髙旗正人・倉田侃司 編著
A5判 212頁
本体 2400円

シリーズ 現代の教職⑨
新しい時代の特別活動
──個が生きる集団活動を創造する
相原次男・新富康央・南本長穂 編著
A5判 224頁
本体 2400円

シリーズ 現代の教職③
西洋の教育の歴史
山﨑英則 編著
A5判 240頁
本体 2400円

シリーズ 現代の教職④
新しい時代の教育の方法
山下政俊・湯浅恭正 編著
A5判 196頁
本体 2200円

シリーズ 現代の教職⑤
新しい時代の教育制度と経営
岡本　徹・佐々木司 編著
A5判 240頁
本体 2400円

シリーズ 現代の教職⑫
特別支援教育の現状・課題・未来
冨永光昭・平賀健太郎 編著
A5判 338頁
本体 2800円

ロールプレイで学ぶ教育相談ワークブック
──子どもの育ちを支える
向後礼子・山本智子 著
B5判 162頁
本体 2000円

教職実践演習ワークブック
──ポートフォリオで教師力アップ
西岡加名恵・石井英真・川地亜弥子・北原琢也 著
B5判 152頁
本体 2000円

教師力を鍛えるケースメソッド123
──学校現場で生じる事例とその対応
奈良教育大学次世代教員養成センター課題探究教育部門教師力サポートオフィス 監修
赤井　悟・柴本枝美 著
A5判 288頁
本体 2500円

──── ミネルヴァ書房 ────
http://www.minervashobo.co.jp/